영원한 찐보 **장기표**
그 길, 그 숨

영원한 찐보 장기표
그 길, 그 숨

초판 1쇄 인쇄 | 2021년 9월 15일
초판 1쇄 발행 | 2021년 9월 15일

지은이 | 김인배
디자인 | 유진기획
펴낸곳 | 쌩큐컴퍼니
주 소 | 서울시 중구 충무로 50-5 명성빌딩 206호
전 화 | 02_2274_5718
이메일 | gaebyug@gmail.com

정가 15,000원
ISBN 979-11-969144-3-1 03040

Copyright ⓒ 김인배 2021

※ 이 책의 저작권은 저자에게 있습니다.
※ 저자의 서면 동의없는 무단 전재 및 복제를 금합니다.
※ 인지는 생략합니다.
※ 잘못 만들어진 책은 바꾸어 드립니다.

영원한 찐보 **장기표**
그 길, 그 숨

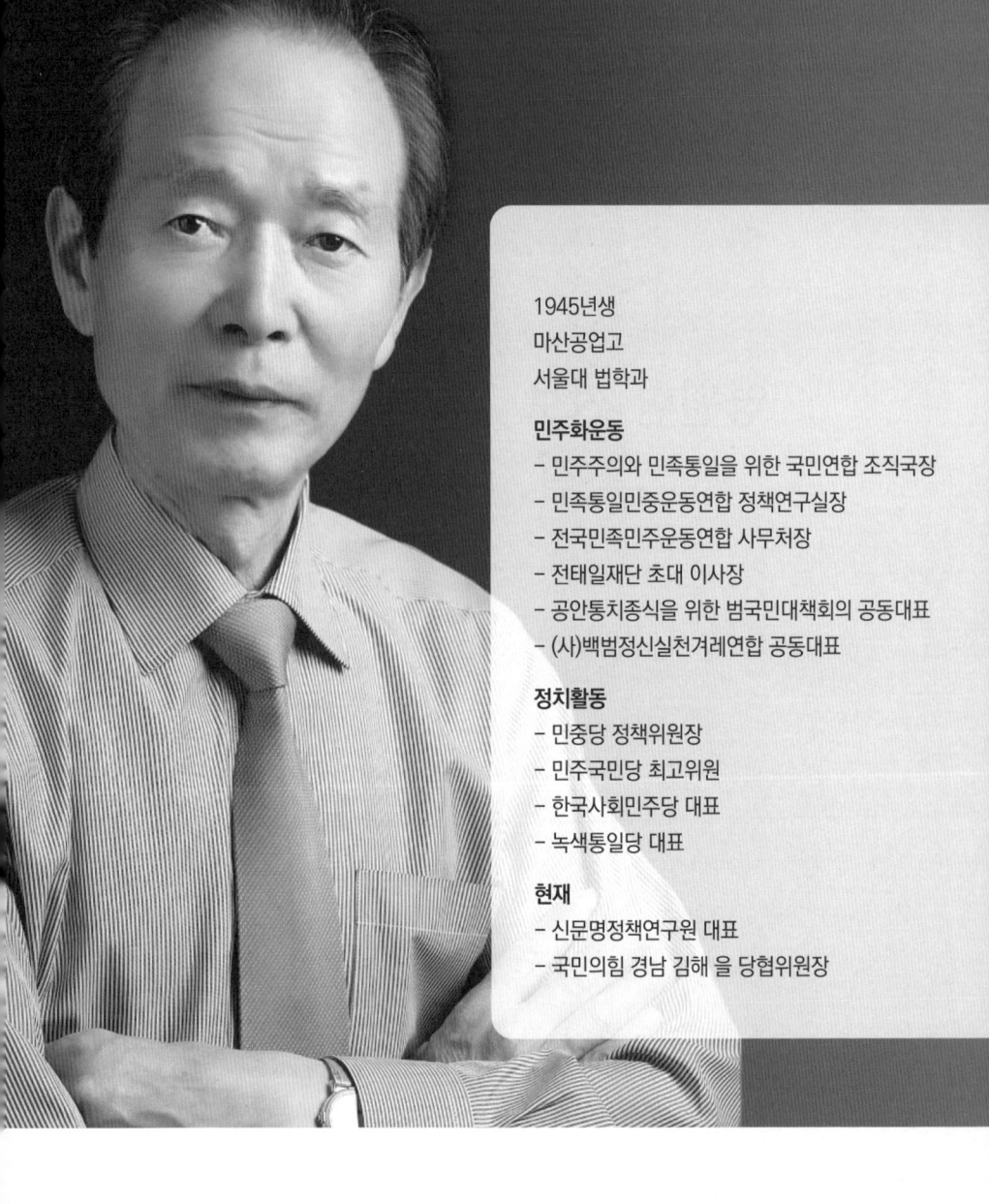

1945년생
마산공업고
서울대 법학과

민주화운동
- 민주주의와 민족통일을 위한 국민연합 조직국장
- 민족통일민중운동연합 정책연구실장
- 전국민족민주운동연합 사무처장
- 전태일재단 초대 이사장
- 공안통치종식을 위한 범국민대책회의 공동대표
- (사)백범정신실천겨레연합 공동대표

정치활동
- 민중당 정책위원장
- 민주국민당 최고위원
- 한국사회민주당 대표
- 녹색통일당 대표

현재
- 신문명정책연구원 대표
- 국민의힘 경남 김해 을 당협위원장

영원한 찐보 장기표 그 길, 그 숨

'장기표!'
그 이름 세 글자를 놓고 세상은 평한다.
어떻게?
그저 단순 표현되기에는 삶이 지독하게 파란만장이다.

'장기표!'
그래, 그래, 그렇게 살았다.
그렇게?
지금 이 순간도 그렇게 살고 있다.

'장기표!'
20세기에서 21세기를 관통하는 격동의 걸음을 걸었다.
앞으로도?
'영원한 찐보'의 그 길, 그 숨은 멈춤이 없다.

2021년 5월 17일

開闢 김 인 배

목차

1 혁명아의 발칙한 동심(童心)
어린시절
콧구멍이 반질한 소년의 마음 "세상을 바꿔야 한다" — 11
"정치를 잘못해서 국민이 살기 힘든 것이구나" 세상에 눈 뜨다 — 14
비인간적 세상에서 싹 튼 민주화운동, 물질 넘어 정신 영역 향하다 — 16
'도통한 가정교사'... 스스로의 힘으로 열어간 길 — 19

2 열혈남의 맘대로 청춘(青春)
학생운동
안위 대신 고행 자초... "그래도 세상을 바꿔야 한다" — 23
"가을 하늘 아래서 한 번 마음껏, 달려보고 싶습니다" — 26
"장기표란 놈, 당장 퇴학시켜" 총장의 위협... 경찰 연행 첫 수난 — 29
신민당사 점거농성 투쟁... 권력과의 악연 '신호탄' — 31
중앙정보부, 치안본부 잇따른 연행... 고문의 실체를 온전히 겪다 — 34
도둑장가 가듯 다방에서 차 한잔 놓고 비밀결혼식... 짧았던 행복 — 38

3 노동일꾼의 영성적 공명(共鳴)
노동운동
그 순간, 전태일의 '영혼투쟁'과 함께 하다... 40여년의 세월 — 41
점화된 '전태일 투쟁'... '내 죽음을 헛되이 말라' — 45
봉쇄 뚫고 강행한 '고 전태일선생 추도식' — 48
전태일이 떠난지 23년... 어머니의 분노와 함께 하다 — 50
'민주화 보상법'? 단식투쟁으로 바로 잡아... '씁쓸함' 남아 — 53
'노동운동'의 획기적 투쟁... '노학연대'의 지평을 열다 — 55
생사 오가는 '노학연대'... 투쟁전략수립 · 학습 나서 — 57
노동자로 '위장취업'... 화장실 갔다 오는데 점심시간의 절반이 — 58

영원한 찐보 **장기표**
그 길, 그 숲

4 운동권 대부의 광야의 고난(苦難)
재야운동

"평생 아내와 살 날이 별로 없겠구나."... 옥중의 넋두리	61
국민연합 조직국장 역할... 민주화투쟁 고삐	62
신군부의 5.17 쿠데타 발발... 거리에 깔린 군경	65
또 다시 닥쳐 온 수난... '김대중 내란음모 사건'으로 도피	67
'외국에 나가 공부나 좀 하고 오라' 안기부의 강권 묵살	69
미문화원 농성투쟁... 관악산을 넘다... 토해 낸 사자후	72
5.3 인천사태 주도 혐의로 또다시 구속... 2년 6개월 옥살이	74
옥중에서 맞은 대선... 양김의 분열... 민주세력의 타격	77
전민련 결성, 사무처장 맡아 '노태우 정권 퇴진' 집중	79
합법적 정당활동과 재야민주세력 투쟁 병행... 김귀정 장례 집행	81
안기부 공작으로 '이선실 간첩사건'에 휘말려 구속 재연	82
부부 함께 안기부 연행... 복도에서 마주 친 아내... 그 반가움	84

5 감갈공명의 옥중 독보(獨步)
교도운동

차라리 교도소가 '내 집'... 옥중의 외마디 "이제 살았구나"	88
"이 일로 죽어도 좋은가?"... "죽어도 좋다" 생명 건 단식	91
'옥중투쟁'과 병행 '옥외투쟁'... 비밀문건 통해 동지들 지원	93
'특별접견 거부' 작전... '마누라 손 한번 잡아 본들...'	95
이감? 계속되는 투쟁! 사동에 홀로 갇히고 전담 교도관까지 배치	98
'교도소도 사람 사는 곳이다'... '재소자인권투쟁'으로 지새우다	100
일반 재소자들을 '동지'화, 극대화한 권익보장투쟁의 파괴력	104
재소자간 '정의', 교도관의 '권익보장'에도 눈 돌려	106
옥중에서 어머니를 잃다... 그래도 기쁨 떠올리는 역설적 여유	109

6 정치문화재의 오뚜기 도전(挑戰)
정치적 여정

기득권 정치세력에 맞선 '패배'의 반복... 계속된 모험	111
'편한 길' 마다하고 '어려운 길' 선택하는 행보의 연속	113
민중당 건설... 재야운동권의 새 방향 제시	117
'민중당의 실패는 한국 진보세력의 실패'... 거듭된 도전	119
"내가 아주 지독한 사람. 뜻 이루기 전에는 절대로 죽지 않는다"	121

7 자유인의 인간해방 행(行)
사상적 여정

'정보사회=신문명=인간해방의 삶 구현'... '신진보'의 독창적 지평	124
'정보사회=노동 주체성과 독립성 보장'... 번뜩인 영감	126
'21세기 새 방향, 새 이념은 한반도에서 나와야'... 부여잡은 소명	128
이기심 기초한 자본주의도, 기계적 평등 사회주의도 '안된다'	130
이 나라 운동권의 오류, '3대 이념편향', '3대 콤플렉스' 저격	132
'민주화 보상금' 거부... '자유인'의 사상·철학 실행	133
문명의 대전환... '자아실현' '인간해방' 구현은 세상의 이치	136

8 마지막 재야의 넘치는 저술(著述)
역사적 여정

'마지막'까지 역사의 깨우침을 후대에 공명시키는 성과	139
옥중에서도 끊임없이 쓰고 쓴 '글'들... '민주'와 '사랑'을 녹이다	141
고행의 연속... 그러나 재판 현장도 '글쓰기 텃밭'으로	143
'원고 강탈' 등 글로 인한 수난... 더 큰 행복을 선물 받다	146
고난 딛고 '사랑' 키운 전화위복의 자생적 '가정사'	148
기억들의 파편에서 슬픔보다 기쁨을, 후회보다 보람을!	150

영원한 찐보 **장기표**
그 길, 그 숨

9 영원한 찐보의 쉼 없는 전진(前進)
현재진행형 여정

'진짜 진보'의 일생을 관통하는 칭호... 영속성을 더하다	153
'기득권 가짜진보 패거리 정치세력'타도 초점, 정권교체 투쟁 깃발	156
정권 교체 위한 '시대적 소명'으로서의 '역할' 집중	159
마르크스·레닌주의나 북한 주체사상 '망령'... '진보의 수치'	162
지나온 세월 그대로 흔들림 없이 그 길을 걷고, 그 숨을 쉰다	164

10 장기표의 포효!
'이런 세상, 이런 국민' 對국민 메시지

모든 사람의 행복을 위한 내 꿈은 반드시 이루어야 한다!	166
1. 민주시장주의의 기본원리	173
2. 민주시장주의의 기본원칙	174
3. 자아실현의 보람과 기쁨을 누리게 할 민주시장주의 중요정책	176
4. 정보문명시대의 대한민국 발전목표	192
5. 민주시장주의의 기본원리와 기본원칙	193
6. 정보문명시대의 세계관과 가치관(사상)	194

'장기표는 장기표다!'
세상의 헌사(獻詞)

[문익환 목사]	195
[이소선 여사/전태일 열사 어머니]	196
[유재천 한림대학교 부총장]	196
[김정남 김영삼 대통령 교육문화사회수석 비서관]	197

11 장기표와 '함께 걷다!'
관자의 동행

	198

1
혁명아의 발칙한 동심(童心) 어린시절

콧구멍이 반질한 소년의 마음 "세상을 바꿔야 한다"

'장기표는 혁명아다!'

어스름한 저녁때, 얼굴 전체가 먼지투성이인 가운데 콧구멍만 불그스레한 살이 드러나 반질반질한 소년이 먼 산을 쳐다보며 한숨 짓는다. 작은 방앗간에서 방아 일을 도왔던 소년은 매일 같이 먼지 속에 몸을 섞으며 생각했다.

"세상을 바꿔야 한다."

'혁명아 장기표'

그랬다. 초등학생 시절, 그 어린아이의 마음이었다. '세상을 바꾼다'는 혁명이다. 어린아이가 혁명을 꿈꿨다. 어찌! 발칙하다.

혁명을 마음에 품은 아이, 장기표의 실체다.

그 발칙한 동심이 장기표가 학생·노동·재야에 걸친 민주화운동과 진보정치활동을 한평생 중단 없이 해온 원천적 초심이다.

장기표의 혁명심은 가난과 맞물린 이 나라의 비인간적 세상에서 발아했다. 거창한 대의명분은 없었다. 장기표의 민주화운동은 후일 군사독재나 재벌의 부정을 보고 촉발한 것이 아니다. 어릴 때 자신을 둘러싼 주변의 가난과 그로 인한 고통들을 겪고, 지켜보면서 싹 텄다. 그리고 그 가난이 백성이 주인임을 거부하는 이 나라의 불의에서 비롯된 사실에 궁극의 눈을 뜨며 '인간답게 사는 세상'을 향한 일생의 행보가 폭발한 것이다.

장기표는 이 민족이 일제로부터 해방된 1945년에 4남 2녀중 막내로 태어났다. 해방둥이의 고향은 경남 밀양의 종남산과 덕대산 중턱의 산골이다. 1970년대 이후에나 버스가 들어오고, 비가 오면 냇물에 치이는데다 우산도, 우비도 없어 학교도 가지 못한 첩첩산중이다.

그때는 다들 가난했기에 가난을 들먹이는 건 진부하기조차 하나 집의 가난은 어린 마음을 크게 아프게 했다. 봄부터 여름까지는 밥풀 구경이 어려운 나물밥을 먹고 지냈다. 무엇보다 춘궁기에 벼 한 섬을 빌리고 가을에 한 섬 반을 갚는 '장리' 빚을 매년 얻는 것을 보고는 "저렇게 하지 않을 수 없을까" 싶어 부모님이 원망스럽고 또 폭리를 취하는 사람이 밉기도 했다.

학비와 생활비까지 스스로 조달해야 했던 어린 시절, 친구와 바닷가에서
아이스께끼 장사에 나선 고교 3년생의 장기표(오른쪽)

겨울이면 형님들이 산에 가서 나무를 해서 시장에 내다 팔았는데, 이런 일로 발바닥이 쩍쩍 갈라져 곪지 않도록 뜨거운 촛물을 집어넣으며 아파하는 모습을 보면서 "이런 고통이 없는 세상이 됐으면" 하고 간절히 바랐다. 마침 선거 때면 '못 살겠다 갈아보자'는 구호가 시대정신처럼 인구에 회자 된 때였으니 세상이 바뀌기를 바란 것은 어쩌면 당연했다.

가난에 대한 장기표의 분노는 만화같이 엉뚱한 열망으로 이어질 만큼 심했다. 아버지의 영향이 작용했다. 장기표의 선친은 산골 접장으로 동네 청년들을 가르치면서 유방과 항우, 사명당 등에 관한 이야기를 많이 했다. 장기표는 어릴 때라 제대로 알지 못하면서도 유방의 지략이나 항우의 역발산기개세 하는 힘, 사명당의 신통술을 갖게 되면 "살기 좋은 세상을 만들 수 있지 않을까" 싶었다.

장기표는 그래서 인생의 첫 번째 그림이 도인이나 장군이었다. 그렇게 되려면 도인이나 장군을 만나야 할 텐데 그런 분을 찾아 집을 나설 용기와 인연이 없었다. 그런 끝에 권세가 큰 줄로 알았던 판검사가 돼야 세상을 바꿀 수 있겠다는 실질적 그림으로 바뀌어 법대 진학을 선택하게 됐다. 하지만 훗날 삶이 입증하듯 그것 또한 장기표의 길이 아니었다.

"정치를 잘못해서 국민이 살기 힘든 것이구나" 세상에 눈 뜨다

장기표가 세상을 바꿔야겠다는 마음을 굳히고 본격적으로 반정부적인 방향을 잡게 된 때는 고등학교에 다니던 1960년대였다. 농협에서 양계자금을 대출받아 닭을 먹였는데, 병아리를 사들일 때의 계란 값은 11원이었으나 닭을 키워 계란을 낳을 때는 6원 정도 해서 더 이상 닭을 먹일 수 없어 내다 팔았다. 그러나 닭을 판 돈으로 밀린 사료 값 갚고 나면 남는 것은 농협에 진 빚뿐이었다. 분통이 터졌다.

이런 일도 있었다. 지금도 마찬가지지만 비료의 과잉생산으로 가격이 인하될 것 같으니까 가격 인하를 막기 위해 농협으로 하여금 비료를 독점 판매케 하면서 온상농가의 경우 비료를 제때 구입 할 수 없게 하고 있었다. 이를 악용해 농협은 뒷구멍으로 한 부대에 900원 하던 요소비료를 2,500원에 사 쓰게 했다. 동네에서 유지께나 되는 사람들이 이런 문제를 시정시키는 노력을 하기보다 농협과의 협잡을 통해 떼돈을 벌고 있었다. 분통이 터졌다.

또 정부가 양잠을 장려해서 밭에다 뽕나무를 심었는데 곧바로 생사수출이 중단돼 뽕나무를 다시 뽑아내야 하는 일이 벌어지기도 했다. 뽕나무는 뿌리가 깊게 내려가 있어 다시 뽑아내기가 여간 힘든 일이 아니었다. 한숨을 지으면서 정부를 원망해 보지만 대책은 아무것도 없었다. 분통이 터졌다.

장기표는 "정치를 잘못해서 국민이 살기 힘든 것이구나"라고 눈치챘다.

초등학교 때 집에서 하던 작은 방앗간 일을 도우면서 먼지를 얼마나 들이마셨는지 어린 가슴에 쌓였던 먼지는 장기표에게 폐결핵이라는 낙인을 찍히게 했다. 군 입대 신체검사 과정에 어렸을 때 자신도 모르는 사이에 그 병이 왔다가 간 것을 알게 된 것이다. "세상을 바꿔야 한다"는 생각이 들지 않을 수 없는 삶이었다. 장기표가 2009년 한국일보에 기고한 〈나의 꿈 나의 도전〉이란 자전적 연재 글의 앞부분에서 '나의 민주화운동은 나로부터 비롯되었다'라는 제목을 붙인 이유다.

 장기표는 민주화운동의 동기가 '가난과 맞물린 비인간적 세상'이라는 사실에 살짝 부끄러워한다. '가난'이라는 것이 얼핏 개인적 이유이니 멋도 나지 않고 폼을 잴 것도 아니어서다. 하지만 있는 그대로 고백한다. 이 나라가 물질적 가난에선 일정 정도 벗어났다고 할 수 있지만 '비인간적 세상'이라는 사실은 지금 이 시대에도 같다.

 이를 극복해 내는 것이 여전히 지금 이 시대에 부여된 과업임을 직시하기에 장기표의 부끄러움은 당당함으로 귀결되는 것이다. 무엇보다 이 나라 대중이 겪는 '비인간적 세상'이 단지 '물질'에 그친 것이 아니라 '정신'의 파괴로까지 직결된다는 통찰은 장기표의 민주화운동 영역을 전방위로 확산시킨다.

비인간적 세상에서 싹 튼 민주화운동, 물질 넘어 정신 영역 향하다

 "언제부터인가 박정희 대통령 덕분에 살기가 좋아졌다며 박 대통령을 칭송하는 경우가 많다. 독재는 했지만 경제는 잘했다는 것이고, 독재가 불가피했다고도 한다. 그래서 박 대통령을 반대한 민주화투쟁은 잘못이었다는 주장도 있다. 그러나 이것은 망각의 산물이고 국민에 대한 모독이다.

 시대 상황 등에 힘입어 경제가 나아진 점은 있지만 생존마저 어려운 서민대중이 부지기수였고 특히 국민의 공분을 산 소수 기득권지배계층의 특혜와 부정부패가 끊이지 않은 것도 사실이다. 광주대단지 민란은 왜 일어났으며, 체육관에서 대통령을 뽑고 헌법 개정 청원조차 처벌하는 유신헌법과 긴급조치를 왜 만들었겠는가?

현재 자칭 진보라는 문재인 정권에서 목격되고 있는 수많은 문제들은 박정희 정권의 유산들이라고 할 수 있다. 현 정권은 내로남불식 부정부패와 위선, 독선 등 총체적인 불의가 오히려 박정희 시대보다 심각하다는 문제를 안고 있다. 현 정권은 극단적인 부익부빈인빈의 무능을 더한데다 부동산 폭등으로 인한 젊은 세대의 '영끌' 및 주식 투기 광풍을 빗댄 '주린이'라는 신조어 등도 파생시키며 이 나라의 '정신' 영역까지 무차별적으로 파괴한 죄까지 더했다.

대중들이, 더욱이 한창 건강하게 미래를 꿈꾸고 전진해 나가야 할 청춘들의 에너지가 부동산이니, 주식이니 물질적 탐욕에 함몰되게 하는 이 시대 상황에서 당대를 넘어 후대에까지 '정신', '혼'의 유산을 어찌 자랑할 수 있겠나. 이 시대는 말 그대로 '민주', 백성이 주인 되는 진정한 세상을 만들기 위한 투쟁이 이전 시대에 비해 몇 배, 몇십 배 절실하다."

이런 차원에서 장기표의 핵심 철학인 '사랑의 정치'는 물질을 넘어 정신의 영역까지 포괄하는 것이다. 사랑은 정신을 벗어나서 존재할 수 없다.

"내가 처음 민주화운동에 나선 것은 역사의식이나 사회과학지식 때문이 아니었다. 지극히 사적인 동기로서 부모형제와 일가친척이 모두 잘 살게 하고 싶어서였다. 그래서 선거유세 같은데서 '나라와 국민을 위해 부모형제와 처자를 버렸다'고 말하는 사람들을 보면서, '자기 부모형제와 처자도 사랑하지 않는 사람이 어떻게 국민을 사랑할 수 있을까' 하는 생각을 많이 했다. 이런 생각은 결국 '진실로 자기를 사랑하는 사람이라야 남을 사랑할 수 있다'는 사랑의 원리와, '진실로 내 부모형제를 사랑하게 되면 정치에 나서게 된다'는 정치철학의 단초가 됐다."

사실 장기표의 민주화운동이 '물질적 가난'을 극복하는데만 꽂혀 있다면 그의 민주화운동은 스스로를 배반하는 격이다. 평생 자신은 물론 자신이 책임져야만 할 가족에게도 '물질적 풍요'를 안겨 준 적이 1도 없어서다.

나의 '사랑의 철학'을 우리 부모형제나 일가친척이 들으면 미친놈이라고 할 것이다. 돈 한 푼 벌어다 준 일이 없는 것은 차치하고라도 구속이나 수배 등으로 온갖 피해와 걱정을 끼친 데다 고향에 가면 형수나 조카들로부터 용돈을 받아 썼던 기억만이 남아 있다.

가난한 시대, 비인간적 현실에서 싹을 틔운 민주화운동이 물질을 넘어 정신의 영역을 향해 직진하고 있다는 그 사실은 장기표의 독보적인 족적(足跡)과 지향(志向)을 웅변한다.

"민주화운동이나 진보정치활동에 참여한 동기가 사회적인 데 있기보다 개인적인 데 있었기 때문인지 나의 경험이나 내 주위에서 일어나는 일이 내가 세상을 판단하는 기준이 됐다. 말하자면 '만물의 척도는 나'라고 생각하게 됐고, 그래서 사회풍조에 편승하거나 사회과학지식에 얽매이지 않은 편이다.

1980년대 들어 마르크스·레닌주의와 주체사상이 밀물처럼 운동권을 덮쳐도 이에 휩쓸리지 않고 내 나름의 새로운 진보이념을 주창한 것이나, 1991년도에 낸 저작집 '사랑의 정치를 위한 나의 구상' 서문에서 '가장 인간적일 때 가장 진보적이 된다'고 말한 것도 이 때문일 것이다."

'도통한 가정교사'… '스스로의 힘' 으로 열어간 길

장기표는 학교를 여러 곳 다녔다. 한 학년이 13명밖에 안 되고 책걸상도 없는 교실에서 2개 학년을 한 선생님이 가르치는 '남산분교장'에 입학한 후 초등학교 3곳, 중학교 1곳, 고등학교 2곳, 대학 2곳을 다녔으니 우여곡절이 많았다. 장기표가 '세상을 바꿔야 한다'는 생각을 깊게 하는데 영향을 미쳤음은 물론이다.

경남 밀양 산골 동네에 살던 장기표의 집은 삼촌들과 형님, 누님들 결혼시키고 살림 내주느라 가산이 탕진돼 야반도주하듯 김해 장방에 있는 작은 방앗간을 사서 이사했다. 장기표가 거들지 않으면 방앗간을 돌릴 수 없어 방앗간 일을 도우며 다닐 수 있는 진영중학교에 다녔고, 고등학교도 진영 한얼고등학교에 입학했다.

그러나 그 학교를 계속 다녀서는 대학 문 앞에도 못 갈 것 같아 안간힘을 써서 마산공업고등학교로 전학했다. 입주 가정교사를 하면서 공부방도 있고 책상도 있어, 공부에 자신감이 붙고 당장의 현실에선 가난의 고통을 조금이나마 면하는 기쁨도 누렸다.

'세상을 바꿔야 한다'는 동심을 키워나가던 마산공고 3학년 때 친구들과 함께 있는 장기표(앞줄 가운데)

장기표는 당시 판검사가 되겠다는 그림을 그리게 됐지만 한편으로는 '우리나라의 관존민비라는 잘못된 사상에 사로잡힌 것 아닌가' 하는 혼돈으로 마음이 무거웠다. 그러던 차에 담임교사가 장기표에게 수학을 잘한다고 당시 인기가 있던 서울공대 화공과에 진학하라고 권유

해 그렇게 하려 했다.

그런데 입학시험 두어 달 전 강직하기로 소문난 생물 교사가 대학 진학과 관련해 따끔한 훈시를 했다. '대학은 평생 자기가 하고 싶은 일을 하는 데 적합한 학과를 선택해야 한다'는 것이었다. 장기표는 자신을 두고 질책하는 것만 같아 "세상을 바꾸려는 나에게는 서울법대가 적합하겠다"고 생각을 고쳐 서울법대에 진학하려고 했다.

하지만 그렇게 하려면 독일어를 선택해야 했고, 마산공고에서는 독일어를 배우지 않아 남은 기간 독일어 공부하느라 두어 달 왔다 갔다 하다 서울법대에 낙방하고는 동국대 법대에 진학했다. 그리고는 또 시간제 가정교사를 하면서 이화동에 있던 '서울법률연구원'이란 독서실에 들어가 서울법대에 다시 시험을 쳐 입학했다.

가난한 가정형편으로 공고를 다녀야만 했고, 그렇기에 재수를 해야만 하는 과정도 겪어야 했지만 끝내 스스로 길을 연 것이다. 장기표는 중학교 1학년 2학기 때 처음 시작한 가정교사를 12년 이상이나 계속했다. 자력으로 학비와 생활비를 감당해야 할 환경 속에서 장기표가 가정교사에 '도를 통했다' 할 정도의 훈장을 달게 된 것은 가난에서 반대급부를 끌어낸 '자가생산의 덤'이었다.

지금 이 순간.

장기표는 피식 웃는다.

"어린 시절, 한 때 '도인'을 꿈 꿨었다. 사실 어린 아이의 만화 같은 상상이었다. 그런데 스스로 학비를 벌어야 했고, 생활비를 만들어야 했던 가난 속에 고등학생 때부터 줄곧 가정교사를 하면서 도(道)가 통했다는 학부모들과 주위의 평가를 듣게 됐다. 돌아보면 가정교사 영역에서 일종의 도인이 된 것이었다. '세상을 바꿔야 한다'는 경지와는 거리가 멀어도, 도인이 되겠다는 꿈을 이룬 셈이다. 가난은 도인을 꿈 꾸게 했고, 그 가난으로 인해 10대 때 일찌감치 도인이 된 격이니 가난은 나에게 축복 아닐까?"

2
열혈남의 맘대로 청춘(靑春) 학생운동

안위 대신 고행 자초…"그래도 세상을 바꿔야 한다"

'장기표는 열혈남이다!'

대학 입학 후 30년의 세월이 지난 후에야 졸업장을 딴 이 나라의 대학생. 시도 때도 없는 수배, 구속, 죽음의 공포가 엄습하는 반복된 고문, 몇 차례인지 기억도 못할 정도의 학교 제적의 고난을 자초한 이 나라의 대학생. 혼돈의 시대, 어둠 속에서 이 대학생의 결기는 더욱 굳어졌다.

"그래도 세상을 바꿔야 한다."

'열혈남 장기표.'

이 나라 명문대생이라는 사실 하나만으로 앞길은 창창했다. 장기표는 그러나 안위 대신 고행을 자초했다. 대학에 들어가면서 비인간적 세상을 그대로 둬서는 안된다는 생각이 더욱 더 강해졌다. 청춘의 끓는 피가 뜨거웠다. '세상을 바꿔야 한다'는 소년 시절 마음만이 간절했다. 그리고 그 '맘(마음)대로' 대학 시절의 청춘을 불살랐다.

1966년 서울법대 신입생이 된 장기표는 30년이 지난 1995년이 돼서야 졸업생이 됐다. 그 세월에는 학생운동, 노동운동, 재야운동 그리고 진보정치활동에 이르기까지 장기표의 절절한 삶이 녹아 있다.

장기표의 '기나긴 운동'의 서막을 연 '학생운동'은 소년 시절부터 이미 예정된 숙명이나 마찬가지였다. 서울대 입학부터 몇 번인지 기억도 못할 정도로 거듭된 제적과 복학의 과정 속에 장기표가 결행한 학생운동은 '반독재민주화'로 내달았다. '교련반대투쟁'을 필두로 '신민당사 점거 농성' '서울대생 내란 음모 사건' '민청학련 사건' 등에 이르기까지 장기표는 학생운동권 주요 투쟁의 배후 조종자 등으로 투쟁과 수난이 점철됐다.

장기표는 법대생으로선 당연하기도 한 진로, 즉 사법시험을 쳐 판사나 검사가 되는 선택을 일찌감치 털어버렸다. 서울대에 입학하면서는 판검사가 돼 사회 각 부문에서 30여명의 유력인사를 규합해 세상을 바꾸는 일을 하는 그림을 그리긴 했다. 이를 위해 토론회에 참석하거나 동기생들과 세미나를 하면서 동지를 찾으려 했으나 어려웠다.

고민 끝에 장기표는 대학을 중퇴하기로 마음먹기에 이른다. 장기표가 일생 내내 고비마다 실행해 온 '고뇌의 결단'이 시작된 것이다. 장기표는 1학년 재학 중 대전 '복지농도원' 원장 한인수의 강연을 듣고 농민운동에 관심을 가지게 됐다.

특히 '세상을 바꾸려면 농민운동을 해야겠다'는 뜻을 세운 뒤, 대학을 그만 두고 가나안농군학교에 입교하려고 했다. 장기표는 이를 위해 막사이사이상 수상으로 유명했던 가나안농군학교 김용기의 가르침을 받고자 경기도 광주에 있는 농군학교를 향했다. 그러나 그의 강연이 근검, 절약 등 도덕적인 것만 강조하는 것을 보고는 실망한 채 농군학교 입교를 단념했다.

고민이 계속되는 과정에 장기표는 사회주의를 접한 것을 기해 마침내 학생운동의 전선에 뛰어들었다. 서울법대에서 대표적 이념 단체였던 사회법학회에 가입한 것이 결정적 계기였다. 가난과 갈등이 없이 모든 사람이 행복하게 살 수 있는 세상을 바라던 장기표로선 '빈부격차 타파'가 모토인 사회주의 사회를 동경하는 것이 자연스러웠다.

다만 장기표는 사회주의의 모든 내용을 다 받아들이지는 않았다. 사회주의를 한다는 북한이 1인독재와 장기집권을 하는 것을 옳지 않다고 생각했다. 그러나 사회주의혁명과 같은 방법으로 세상을 바꾸고 싶은 마음이 솟아났다. 사회주의혁명에 꽂힌 장기표는 사법시험에 대한 미련을 빠르게 던져버렸다.

"가을 하늘 아래서 한 번 마음껏, 달려보고 싶습디다"

장기표는 사회법학회에서 같은 법대 조영래와 운명적 인연을 맺게 됐다. 서울대에 수석으로 입학해 민주화운동에 탁월한 역량을 발휘했을 뿐만 아니라 훗날 대표적 인권변호사로도 유명했던 조영래는 1990년 43세의 나이로 단명하기까지 장기표에게 '둘도 없는 동지'로 호흡했다.

대학 새내기 때, 경기도 광릉에서 열린 법대 야유회에서
청춘의 자유로움을 즐기고 있는 장기표(가운데).

조영래는 대학시절 장기표를 이렇게 회고하기도 했다.

"장기표씨와 내가 처음으로 만난 것은 1966년 가을, 그 무렵 어느 날 서울대학교 개교기념행사였던가 무언가로 효창운동장에서 교내 체육대회가 열렸는데 1천500m 달리기 시합에 장기표는 맨 꼴찌로 뒤처져서 남들이 다 골인한 뒤에도 만장의 박수와 폭소를 한 몸에 받으며 온전히 한 바퀴를 혼자서 마지막까지 달렸다.

행사가 끝나고 돌아오는 버스 안에서 내가 그에게 '실력도 안 되는 사람이 어째 출전할 생각을 했느냐'고 농담 삼아 물어보았더니 그는 이렇게 대답하는 것이었다. '가을 하늘 아래서 마음껏 한번 달려보고 싶습디다.'"

1966년 가을 '삼성재벌 사카린 밀수사건'이 터지자 장기표는 조영래 등과 함께 이 사건을 규탄하는 성토대회를 준비하면서 많은 동지들을 만나는 기쁨도 누렸다.

장기표의 학생운동은 1967년 2월 육군에 자원입대하면서 일시적으로 숨고르기에 들어갔다. 열혈남으로서의 장기표의 특성은 군 복무 시절에도 여지없이 발현됐다. 월남전에 차출돼 '참전용사'로서의 경험을 마음껏 '즐겼다'는 것이 핵심 포인트다. 군 입대 전 학생운동 차원에서 '월남전 반대' 데모에 앞섰던 입장에 비춰보면 고개를 갸웃거리게 하는 이례적 개인사다. 당시 운동권 동지였던 조영래가 참전을 말리자, 장기표는 "죽고 사는 것은 하늘에 달린 문제이고, 역사의 현장을 직접 보고 싶다"는 뜨거움으로 답했다. 여기에는 "국민 개인으로서의 찬반과 별개로 국가가 결정한 정책은 따르는 것이 옳다"는 원칙론도 깔렸다. 장기표는 월남전 참전으로 인해 오래도록 고엽제 질환에 시달리는 고통을 겪기도 했지만, 일종의 '참전일지'를 사진과 함께 빼곡하게 남기는 열정도 발휘했고, 지금까지도 문득 문득 그 때를 돌아보며 미소를 짓곤 한다.

장기표의 학생운동은 군복무를 마치고 복학한 1970년, 2학년 때부터 본격 점화됐다. 장기표는 박정희 군사독재정권을 물리치고 민주정부를 수립하는 방향의 학생운동에 주력하기로 했다. 이에 따라 학생들의 사회정치의식을 높이고 학생운동을 전국적으로 조직할 방안을 모색했다. 사회법학회 후배들과 함께 학생운동의 방향을 논의하면서 각 대학 학생운동을 주도하던 서클들과 교류하는 일에 나섰다. 서울대 내부에서 문리대의 문우회, 상대의 한사와 이경회, 고려대의 한맥과 한사연, 연세대의 한문연, 경북대의 정진회 등과 토론회나 수련회를 통해 교류했다.

장기표가 '학생운동의 선봉'격으로 세상 앞에 공개적으로 나서게 된 장면은 1970년 4월 19일, 4.19혁명 10주년을 맞아 학생회 주최로 열린 강연회였다. 연사가 외부 인사로는 당대의 사상가 함석헌과 4.19 선언문 기초자였던 한국일보 기자 이수정이었고, 학생 대표로 장기표가 뽑혔다. 당시는 박정희 정권이 3선 개헌을 통해 영구집권을 준비하던 때라 이를 규탄하는 것이 초점이었다. 장기표는 학생운동권에 회자되던 중국식 농촌 중심 '도시포위전략'의 비현실성을 지적하면서 근로

대중의 조직화 필요성을 역설했다.

"장기표란 놈, 당장 퇴학시켜" 총장의 위협... 경찰 연행 첫 수난

장기표는 학생운동의 선봉 역할과 함께 수난도 시작됐다. 복학한 첫 학기 말쯤 제적생 복학을 요구하는 학생총회에서 장기표는 학교 교수진을 겨냥, "일제시대 지주의 아들로 독립운동은 외면한 채 동경으로 유학 갔던 사람들이 무슨 정의감이 있겠느냐"고 부르짖었다.

교수들은 학생들에게 "너희들도 나이 들어봐라. 우리를 이해하게 된다"는 식으로 설득하려 했다. 이 때 장기표는 "나는 나이가 들어도 현실에 영합하지 않는다"는 의지를 표출했다. 이로 인해 최문환 총장으로부터 면전에서 "장기표란 놈, 당장 퇴학시켜"라는 서슬 퍼런 위협을 받았고, 동대문경찰서에 연행돼 '지주' 발언의 동기를 조사받았다.

장기표가 학생운동의 주요 무기로 장착한 것이 사회법학회 학생들과 만들어 낸 언론 〈자유의 종〉이었다. 장기표가 주도해 1970년 10월 학생운동신문의 효시로 첫 선을 보인 〈자유의 종〉은 학생운동의 방향과 과제를 제시하면서 학생운동의 전국적 조직화에 크게 기여했고, 각 대학에서 학생운동 신문이 나오게 하는 촉매제가 됐다.

이듬해인 1971년은 그야말로 민주세력과 박정희 정권이 삼국지의 '적벽대전'과 같은 대회전을 치른 시기였다. 박정희 대통령이 1969년

에 단행한 '3선 개헌'은 대통령을 한 번 더 하겠다는 것을 넘어 영구집
권을 위한 포석이어서 민주세력으로선 총력투쟁을 전개하지 않을 수
없었다.

민주세력은 1961년 5.16쿠데타로 박정희 정권이 들어선 후 1964
년의 한일회담 반대투쟁, 1968년의 부정선거 규탄투쟁, 1969년의 삼
선개헌 반대투쟁, 1970년의 전태일 투쟁 등 연쇄적인 민주화 투쟁을
전개했다. 이중 박정희 정권에 대한 가장 격렬한 투쟁은 1971년에 펼
쳐졌고, 이때 형성된 민주세력이 박정희 정권에서 전두환 정권에 이르
는 동안 반독재민주화투쟁을 주도했을 뿐만 아니라 1987년 6월 민주
항쟁 이후 집권한 역대 '민주정부'의 중심세력이 되기도 했다.

1971년 박정희 정권은 영구집권의 대중적 토대를 마련키 위해 예비
군을 강화하고 학생군사훈련(교련)을 확대 실시했다. 중앙정보부의 무
소불위한 횡포, 야당과 언론에 대한 노골적인 탄압 등 박정희 정권의
영구집권 기도는 날이 갈수록 거세졌다. 민주세력도 박정희 정권의 영
구집권 기도를 분쇄하기 위해 최선의 준비를 했다. 학생운동권은 전국
적인 연락망을 확보하고 있었고, 비록 수는 적었지만 재야의 지식인들
도 '민주수호국민협의회'를 결성해 정권에 맞설 준비를 하고 있었다.

학생운동권은 3월 개학과 동시에 투쟁에 돌입했다. 서울법대의 경
우 5일 〈자유의 종〉을 통해 '학생군사훈련의 문제점'을 제기하며 분위
기를 띄운 다음 곧바로 교련반대 성토대회와 시위를 전개했다. 9일에

는 서울대 총학생회에서 '교련철폐투쟁선언'을 발표했고, 이것은 서울대 전체가 교련반대투쟁에 돌입했음을 의미했다. 이 중요한 시기에 서울대의 학생운동은 순조롭게 진행됐다. 서울대 학생운동의 중심세력인 문리대, 법대, 상대 학생회장 등 지도부의 투쟁 의지와 역량이 뛰어났기 때문이다.

신민당사 점거농성 투쟁... 권력과의 악연 '신호탄'

이때 장기표는 학생운동의 조직화에 집중했다. 장기표는 복학한 첫해부터 전국적인 학생운동조직을 염두에 두고 많은 대학의 학생들을 만났으나 상호교류를 활성화하고 동지애를 강화하는 단계에 머물렀을 뿐 조직화에는 이르지 못했다. 그래서 서울법대의 이신범, 서울상대의 심재권, 고려대의 오흥진, 연세대의 이상문, 성균관대의 김대곤, 한국외국어대의 선경식, 경북대의 임구호, 부산대의 김재규 등 각 대학 운동권의 핵심 지도부와 함께 전국적인 학생운동조직을 결성했다.

박정희 정권의 영구집권을 저지함으로써 민주주의를 수호해야 한다는 의미를 강조해 이름 지은 '민주수호전국청년학생연맹(전학련)'의 탄생이다. 이 조직은 변호사 이병린, 언론인 천관우, 목사 김재준 등 재야 지식인들이 결성한 '민주수호국민협의회'와 보조를 맞춘 것이기도 했다.

전학련은 사무실도 없고 사무국도 없이 이동하는 조직이어서 학생들의 민주화투쟁을 체계적으로 지휘할 수는 없었으나 1972년 '4.27 8대 대통령선거' 때 선거참관인단을 조직해 전국 각지로 내려 보는 성과를 올렸다. 4.27 대선이 부정선거로 치러지고 있는 것은 너무나 분명했지만, 학생들이 이 선거를 부정선거로 규정할 만한 근거를 확보하기는 힘들었다. 전학련은 학생 선거참관인단의 파견으로 이 선거를 원천적인 부정선거로 무효라고 주장할 수 있는 근거를 확보할 수 있었다.

전학련은 박정희 대통령의 승리로 결론 난 선거가 끝난 후 선거무효를 선언하고, 다시 선거를 실시할 것을 요구했다. 전국적으로 수많은 대학에서 '부정선거, 다시 하라'는 구호를 외치면서 집회·시위·농성을 벌였고, 서울법대에서도 4월 30일 학생총회를 열어 선거무효를 주장하면서 단식투쟁에 들어갔다.

그러나 학생들과 달리 정작 선거의 당사자인 신민당은 정권과 야합하는 '사꾸라'식 태도를 보였고, 이 대목에서 장기표는 중앙정보부와 피할 수 없는 악연이 시작됐다. 당시 장기표는 심재권과 함께 법대와 상대, 문리대에서 30명 정도를 선발, 신민당사를 점거해 신민당의 타협적 자세를 규탄하는 농성투쟁을 전개하기로 했다. 이 사건은 정치사회적으로 큰 파장을 불러일으켜 10여명 가까이 구속됐고, 반 정도는 도주해서 구속을 면했다.

장기표는 이 사건의 배후조종자로 지목돼 이른 새벽 중앙정보부 직원에 의해 연행됐다. 장기표는 당시 학생운동조직에서 일체 직책을 맡은 일이 없는 등 '배후' 역할에 치중한데다, 학생들을 은밀히 만났기 때문에 연행되는 일이 없으리라고 생각했으나 착각이었다.

중앙정보부의 취조 때 장기표가 집중 추궁당한 것은 생각과 달리 신민당사 점거농성이 아니라 4.27 대선 때 야당 후보였던 김대중과의 관계와 돈을 받았느냐는 것이었다. 장기표는 김대중 후보가 대통령이 되기를 바라기는 했으나 그를 만난 일도, 또 그로부터 돈을 받은 일도 없어 일체 부인했다.

장기표는 이때 구속만은 면했다. 친형이 중앙정보부 부산 분실에 근무하고 있던 덕이었다. 중정 담당자는 취조 끝에 결국 부산에 있는 형을 불러올려 장기표를 인계하고는 구속은 하지 않았다. 형은 동생 때문에 사표를 낸 일이 한두 번이 아니었다. 그러나 장기표에게 왜 반정부투쟁을 하는지 묻거나, 앞으로는 반정부투쟁을 하지 말라는 말을 일체 하지 않았다. 그저 "어디 다친 데는 없나"라고 물을 뿐이었다.

그러나 이 해 10월 15일 '학원질서확립을 위한 특명 9개항' 발표와 더불어 위수령을 발동해 전국의 주요 대학에 휴업령을 내리고 군대를 투입한 정권에 의해 장기표는 '서울대생 내란음모 사건'으로 끝내 구속됐다. 장기표 인생에서 본격적인 수난이 시작된 것이다.

이 해 박정희 정권은 갈수록 영구집권음모를 구체화해 갔지만 이에 대한 저항 또한 드셌다. 학생들의 반독재민주화투쟁은 말할 것도 없고, 언론인들의 언론민주화투쟁, 지식인들의 대일예속화 반대투쟁, 교수들의 학원자주화운동, 법관들의 사법권독립수호운동 등 박정희 정권의 정보폭압통치를 반대하는 투쟁이 국민 각계에서 터져 나왔다. 더욱이 '전태일 사건'이나 '광주대단지 민란'에서 확인됐듯이 박정희 정권의 '조국근대화'에서 소외된 민중들의 분노에 찬 투쟁 또한 끊이지 않았다.

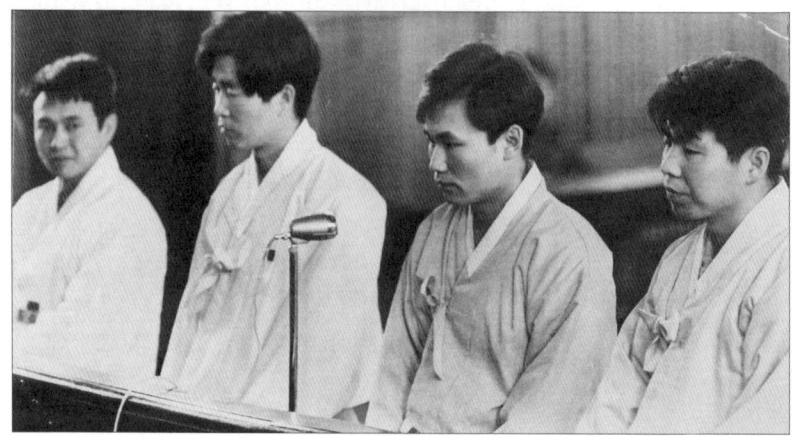

1971년 '서울대생 내란음모 사건'으로 구속돼 재판 받고 있는 장기표(왼쪽에서 두 번째). 왼쪽 첫 번째가 심재권, 오른쪽 첫 번째가 조영래, 두 번 째가 이신범

중앙정보부, 치안본부 잇따른 연행... 고문의 실체를 온전히 겪다

하지만 민주세력이 그토록 열망했던 박정희 정권 퇴진의 꿈은 일진광풍으로 끝나고 학생운동권의 주력들은 대다수가 교도소나 군대로 쫓겨났다. 장기표는 1년 내내 수업을 전폐하다시피 하고 박정희 정권을 물리치기 위한 투쟁에 전념했는데도 '서울대생 내란음모 사건'으로 인해 구속되고 말았다. 장기표는 수배 끝에 중정에 체포되고 고문

에 직면했다. 침대 방망이 같은 것으로 맞다가 마대 자루 같은 것으로 온몸이 덮힌 채 구둣발로 마구 짓밟히는 등 온갖 고문을 다 당하면서 장기표는 병신이 되는 줄 알았다.

우여곡절 끝에 이신범, 심재권, 조영래 등과 함께 '서울시내 대학생 3만명 내지 5만명을 동원해 화염병을 사용해서 중앙청을 점거하고 박정희를 강제로 하야시킨 후 혁명위원회를 만들어 김대중을 위원장으로 추대하고 피고인들이 민주수호국민협의회 인사들과 함께 위원으로 취임, 과도정부를 구성하고 3권을 장악해 헌법의 기능을 정지시키고 부패분자를 처단하고 중앙정보부를 해체하는 등의 혁명과업을 수행하려 했다'는 내용으로 구속·기소됐다.

장기표는 1972년 12월 대법원에서 집행유예가 결정돼 심재권과 함께 석방됐지만 할 일이 막막했다. 박정희 정권은 이미 이 해 10월 '10월 유신, 100억불 수출, 1천달러 소득'의 기치를 내걸고 박정희의 종신집권을 제도화한 유신독재체제를 구축하면서 민주화 운동을 철저히 봉쇄했기 때문이다.

이런 가운데 1973년 8월 일본 동경에서 '김대중 납치 사건'이 발생했다. 장기표는 부산대 불교학생회와 함께 속리산 법주사로 수련회를 갔다가 돌아오는 길에 대전에서 이 뉴스를 보고 곧바로 서울에 와서 심재권 등과 1973년 10월 2일 서울문리대 교정에서 문리대, 법대, 상대생들이 모이는 데모를 기획했다. 당시 50명이라도 모일 수 있을지 걱정했는데 500명 이상의 학생이 모였다. 대단한 성공이었다. '10.2 시위'로 인해 유신독재체제는 출범과 동시에 흔들리기 시작했다.

이 시위는 요원의 불길처럼 확산돼 갔다. 사전에 계획된 것이지만 10월 4일 서울법대, 10월 5일 서울상대에서 시위가 펼쳐졌다. 뒤이어 연세대, 고려대 등 전국 대학에서 중앙정보부 해체, 유신헌법 철폐, 박정희 정권 퇴진 등을 요구하며 시위를 벌였다. '10.2 시위'가 전국으로 확대되면서 사회정치적 분위기가 완전히 반전됐다. 철옹성처럼 여겨졌던 유신독재체제가 다음해 봄에는 끝장 날 것으로 보이기까지 했다.

이런 와중에 장기표는 10월 24일경 후배를 만나러 다방에 갔다가 체포되고 말았다. 장기표를 이번에 몰아세운 것은 경찰이었다. 치안본부 대공분실로 끌려간 장기표는 곧바로 키가 190㎝는 돼 보이는 거구의 남자와 마주쳤고, 이내 구둣발로 닥치는 대로 차이고 짓밟혔다. 장기표는 이제는 병신은 고사하고 죽는 줄 알았다. 이 경찰이 훗날 박종철 고문치사사건으로 구속된 치안본부 대공분실장 박처원이었다. 혼비백산한 폭행에 이어 지하통로를 통해 고문실로 끌려들어갔다.

온갖 고문 용구들이 다 있는 이곳에서 장기표는 고문의 실체를 온전히 겪어야만 했다. 이것은 무엇을 알아내기 위한 고문이 아니라 일부러 골병을 들이기 위한 폭행이었고 실신의 지경까지 내몰렸다. 장기표는 '김대중 납치 사건'을 둘러싼 20여일간의 취조 끝에 서대문 경찰서 유치장으로 옮겨져 특별감시를 받았다. 박정희 정권은 '10.2

시위'로 촉발된 학생들의 반정부투쟁에 대해 마구잡이로 연행해 구속했지만, 불과 두 달도 안 된 12월 7일 대통령특사로 전원 석방했다. 장기표도 이때 석방됐다.

그러나 장기표는 이듬해인 1974년 터진 '민청학련 사건'의 배후조종자로 또다시 지명 수배되는 수난에 처했다. 장기표가 쓴 글〈민중의 소리〉가 문제시 됐다. 이 글은 정권이 민청학련 사건을 좌경용공으로 모는데 무척이나 악용했다. '자생적 공산주의자'로 찍힌 장기표는 전태일 열사의 어머니 이소선과 김근태 등의 도움을 받으며 또다시 피신 생활을 거듭해야 했다.

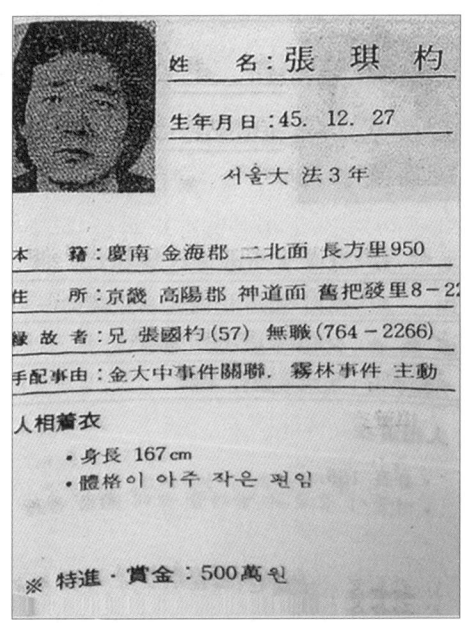

'김대중 내란음모 사건' 등으로 쫓기던 장기표를 잡기 위해 경찰이 뿌린 수배 전단. 당시 포상금이 수배자중 최대 수준인 5백만원에 달했다.

장기표는 그 후 3년간의 도피 끝에 1977년 3월 21일 긴급조치 9호, 반공법, 향토예비군설치법, 주민등록법 등을 위반한 혐의로 구속 기소됐다. 반공법 위반으로 공소 제기된 장기표는 이 사건으로 1심에서 5년형을 선고받아 1979년 '10.26 사태'로 박정희 정권이 끝장나고서야 석방됐다. 그것도 사태가 있고서 두 달이 지난 12월 30일 시국사범으로선 가장 늦게 자유의 몸이 됐다. 그때까지 3년 가까이 옥중에 갇혀 있어야 했다.

도둑장가 가듯 다방에서 차 한잔 놓고 비밀결혼식... 짧았던 행복

이에 앞서 장기표는 도피 중이던 1976년 7월, 지금의 아내 조무하와 도둑장가 가듯이 아무도 모르게 다방에서 결혼식을 올렸다. 장기표는 이때 30살을 넘긴 나이라, 주위에서 장가가라는 성화는 대단했지만 엄두조차 낼 수 없었다. 조무하를 첫 눈에 본 순간 인상도 좋고, 짧은 대화도 마음에 들어 결혼을 떠올렸지만 피신이라는 특수상황에 있던 장기표로서는 결혼을 하더라도 보안문제 등에 대해 신경을 써야만 했다. 그날 밤 밤을 새며 각종 결혼전략을 짰는데, 중신애비마저 모르게 해야 했다.

많은 우여곡절을 겪기는 했지만 장기표는 그 날로부터 꼭 21일 만에 결혼답변을 받아냈다. 결혼식을 해야겠는데, 특별히 알릴 곳도 준비할 것도 없어 7월 10일 서울 왕십리 중앙시장 안 중앙 다방에서 찻잔을 앞에 놓고 결혼식을 했다. 그로부터 몇 달 후 월계동에 9평짜리

아파트를 구했다. 이화여대 학보사 출신의 아내가 고등학교 교사였기 때문에 생활비 걱정은 하지 않아도 됐다. 작은 집이었지만 아방궁이 부럽지 않은 천국이었다. 그러나 그 꿈같은 결혼생활도 다음 해 2월 말, 중앙정보부에 체포돼 7개월여만에 바람처럼 사라지고 말았다.

장기표는 올곧았고, 열혈남의 청춘을 그렇게 '맘대로' 장식했다.

지금 이 순간.

장기표는 대학 시절 '망각의 기억'을 떠올린다.

"나에게는 제적과 복학이 아무런 의미가 없었다. 어차피 수업은 듣지 않는 것이고 그렇다고 해서 학교에 안 가는 것도 아니었기 때문이다. 학생운동을 통해 민주화 투쟁을 하려니 수업은 들을 수가 없고, 학교는 안 갈 수가 없었다. 그래서 나는 여러 차례 제적과 복학을 반복했지만 언제 제적됐는지 언제 복학됐는지 전혀 기억하지 못한다. 이러니 대학을 졸업했느냐, 안했느냐에는 전혀 관심이 없었는데, 1990년대 들어 민주정부가 들어서면서 복학 분위기가 조성됐고 나에게도 복학 통보가 왔다. 복학이라기보다 졸업장을 주겠다는 것이었다. 그래서 1995년 2월 입학 30년만에 졸업장을 받았다."

장기표는 또한 피와 땀과 눈물을 함께 했던 대학 시절 '동지'들, 특히 민주세력과 박정희 정권이 대 격돌한 1971년, 투쟁의 전선에서 늘

부등켜 안았던 '71동지회'의 벗들을 여전히 자신의 뇌에 일일이 호명한다.

3

노동일꾼의 영성적 공명(共鳴) 노동운동

그 순간, 전태일의 '영혼투쟁'과 함께 하다... 40여년의 세월

'장기표는 노동일꾼 이다!'

1970년 11월 15일 서울 성모병원 앞 3.1 다방, 20대 청년이 40대의 중년 여성과 마주 앉았다. 그 성모병원에는 20대 청년의 불에 탄 시신이 누워 있었다. 평화시장. 노동자. 분신...

"아드님의 뜻을 이루는데 도움이 될까 싶어 찾아 왔습니다."

'노동일꾼 장기표'

이날, 서울법대생이던 장기표는 '전태일 분신 사건'을 접하자마자, 그의 시신이 안치돼 있던 성모병원으로 달려갔다. '전태일의 영혼'과 첫 공명한 순간, 장기표의 '노동운동'은 서막을 열었다. 대학생으로서가 아니라, '같은 청년'으로서, 아니 이 나라에 태어난 '같은 생명'으로서, '노동일꾼' 장기표의 걸음은 그렇게 시작됐다.

장기표는 전태일 사건이 발생한 처음부터 40년 세월이 흐르는 동안 전태일재단 이사장으로 역할 하는 등 그의 어머니를 통한 노동자 전태일의 '영혼투쟁'에 함께 했다. 장기표도, 전태일도 '세상을 바꿔야 한다'는 당위에서 둘이 아닌 하나로 만나기에, 장기표의 그 길은 자연스런 선택이었다.

이에 따라 장기표는 학생운동을 펼치면서 동시에 노동운동과 학생운동이 결합 된 '노학연대투쟁'의 지평을 열었고, 직접 노동 현장의 노동자로 뛰어들기도 했다. 장기표는 전태일 사건 이후 곳곳에서 일어나는 노동투쟁에 관여하고 노동조합의 강연도 많이 다니면서 탁월한 노동운동이론가로 활동했다. 노동운동에 대한 장기표의 관심과 애정은 그만큼 각별했다.

전태일 사건을 접한 그 날, 장기표는 피신해 있던 처지라 직접 성모병원 영안실로 가볼 수가 없어 서울법대 4학년 문경용과 함께 성모병원 근방에 가서 전태일의 어머니 이소선을 모시고 나오게 했다. 그 자리에서 이소선으로부터 2시간이 넘게 전태일이 평화시장에서 한 일을 들었다. 이소선은 장기표가 학생 신분임을 밝히자 "태일이가 평소 자신에게도 대학생 친구가 한 명 있으면 얼마나 좋겠냐고 그토록 말했는데, 그 아이가 죽고 나서야 찾아왔구나"라고 탄식했다.

그리고는 근로기준법을 열심히 공부하면서 어머니에게도 가르치려 한 일, 점심을 굶은 시다들에게 차비를 털어 풀빵을 사 준 일, 시다를 돌보려다 공장에서 쫓겨난 일, 노동조합을 만들려다 평화시장에는 발도 붙이기 어렵게 된 일, 그리고 분신 후 근로감독관이 취한 몰인정한 태도 등 전태일의 삶을 장기표에게 전해줬다. 이렇게 맺어진 두 사람의 인연은 이소선이 세상을 떠난 2011년까지 지속됐다.

장기표는 이소선으로부터 전태일의 삶과 사랑, 투쟁과 희생을 들으면서 "이 사람의 죽음이 헛되지 않게 해야겠다"고 마음 먹었다. 이어 이소선으로부터 애끓는 열변을 들은 뒤 '영안실에는 동네 사람 이외에는 아무도 없다'는 얘기를 듣고 영안실로 발길을 옮겼다.

이 때 이소선은 '아들의 뜻이 이루어지기 전에는 시신을 인수하지 않겠다'고 버티던 참이었다. 전태일이 안치된 영안실은 반쯤 지하의 방에 나무 의자 서너개가 놓여 있을 뿐이었다. 동네사람 7, 8명 정도만 있었는데 그 중 오버코트를 입은 사람의 코트의 털이다 빠져 마대 푸대 같았다. 한마디로 가난이 철철 흘렀다.

장기표가 전태일 사건이 알려진 그 날 곧바로 기민하게 움직였던 것은 〈자유의 종〉 2호(1970.10.10)에 평화시장에 관한 신문기사를 발췌해 실은 것이 계기였다. 장기표는 '먼지 속 13시간 노동'이란 제목의 이 기사를 보면서 평화시장에 한번 찾아가야겠다고 생각했다. 그러나 장기표가 주도한 한일문제강연회의 발언 내용으로 동대문경찰서에서 잡으러 다녀 차일피일 미루던 차에 전태일 사건이 일어나자 즉각적인 행동에 나설 수 있었던 것이다.

분신 자살한 노동자 전태일의 어머니 이소선, 동생 전태삼과 1973년 서울 사직공원에서 함께 하고 있는 장기표(오른쪽)

"평화시장을 미리 찾아가 봤으면 이런 비극을 막을 수 있었지 않았을까 싶어 자책하면서 어머니를 뵙게 됐다. 어머니는 처음 만난 사람인데도 온갖 말씀을 다 한 데다 학생들이 장례를 치르는 것까지 받아들이겠다고 했으니, 그리고 이 인연이 40년간 변함없이 지속됐으니, 이 만남은 숙명적이 아니었나 싶다. 이날 들은 내용을 학생총회 등을 통해 말했는데, 이것이 전태일이란 사람이 어떤 사람인지 세상에 알려지는 중요한 계기가 됐다."

점화된 '전태일 투쟁'… '내 죽음을 헛되이 말라'

장기표는 이소선과 만나고 온 그날 밤 학교 앞 하숙집들을 찾아다니며 다음날 학생총회를 열 수 있도록 준비했다. 서울법대는 학생총회나 성토대회에 빠지는 학생이 거의 없는 데다, 특히 사회법학회와 농촌법학회 회원들은 형제같이 지내 일이 원활하게 진행됐다. 주도자가 따로 있을 것도 없었다. 장기표는 이신범, 조희부, 이광택, 채만수, 이인제, 최규성, 최회원, 장성규, 원정연 등과 밤늦게까지 학생총회에서 결의할 사항을 논의하면서 학생들의 등교를 독려했다.

다음날인 11월 16일 서울법대에서는 오전 10시에 학생총회를 열었다. 가능한한 빨리 전태일 사건을 사회문제화 할 필요가 있었다. 100여명의 학생이 모여 '민권수호학생연맹 준비위원회'를 결성하고 전태일의 장례식을 '서울법대 학생장'으로 치를 것을 결의했다. 그리고는 30여명의 학생이 성모병원 영안실로 몰려갔다. 마침내 영안실에

긴장감이 감돌았다.

이때부터 세상이 격동하기 시작했다. 학생들이 앞섰다. 서울대를 비롯 고대, 연대, 이대, 성대, 한국외대 등 그 동안 학생운동을 적극적으로 해온 대학들에서는 비록 학기말인데도 '전태일 투쟁'에 적극 나섰다. 서울상대에서는 400명이 넘는 학생이 모여 박정희 정권의 반노동자적 경제개발정책을 신랄히 비판하면서 단식투쟁까지 전개했다. 김근태, 김승호, 김대환 등 탁월한 운동가들이 많았던 영향이다.

그리고 KSCF, 새문안교회 등 기독교단체가 전태일의 뜻을 구현하는 일에 적극 나섰다. 오재식, 권호경, 김동완, 서경석 등의 역할이 컸다. 특히 김재준, 박형규 등 원로목사들이 앞장서면서 수많은 교회에서 전태일의 뜻 구현을 위한 기도회가 열려 전태일에 대한 정권의 왜곡된 선전을 바로잡는 데 큰 도움이 됐다.

무엇보다 언론이 전태일 사건을 적극 보도하기 시작했다. 특히 조선일보 기자 이상현이 전태일 가족에게 접근해 입수한 일기장의 주요 부분을 주간조선이 보도, 전태일의 진면목이 세상에 알려지는 데 기여했다. 그 과정에서 일기장 10여 페이지가 찢겨나가 그 뒤 아무리 찾아도 찾을 수 없었다.

이렇게 해서 전태일 사건은 국민적 관심사가 됐고, 특히 지식인들이 움직이기 시작했으며 정치권은 이 사건을 정치쟁점화 했다.

전태일 사건이 얼마나 큰 국민적 관심사가 됐는지는 전태일 빈소에 진열된 조화가 말해줬다. 문상객 한 명 제대로 없던 빈소에 조화가 밀려들기 시작해 수백개가 넘었다. 사회단체와 정당 대표들은 물론 김대중, 김영삼 등 주요 정치인들의 조화까지 영안실로 가는 길 양쪽에 꽉 들어찼다. 전태일의 위상이 완전히 달라졌음을 의미했다. 이름 없는 노동자에서 국민적 영웅으로.

장기표는 전태일의 죽음과 마주하면서 '새로운 과제'를 떠올렸다. 무엇이 한 젊은 노동자의 죽음에서 국민적 영웅을 낳고, 충격을 불러일으킨 것일까?

"고통받는 노동자들을 위해 자신의 생명까지 바친 헌신적 사랑, '조국 근대화'의 음지에서 신음하는 노동자의 인간다운 삶을 실현하려는 치열한 투쟁 등이 전태일 동지의 실체다. 그러나 모두의 감동은 지독한 가난으로 감내하기 힘든 고난과 시련을 겪었으면서도 좌절하거나 타락하지 않은 전태일 동지의 삶이 그려낸 아름다운 희망에서 비롯됐을 것이다.

그리고 오히려 자기보다 더 어려운 사람들을 위해 온갖 노력을 다하다 마침내 그들의 인간다운 삶의 실현을 위해 '내 죽음을 헛되이 말라'는 유언을 우리 모두에게 남기고 자신의 몸을 불태운 그 고결한 인품과 숭고한 희생정신 때문일 것이다. 전태일 동지는 뜨거운 향학열에도 불구하고 학교 공부라고는 초등학교 4년, 중학과정 1년 밖에 다니지 못했지만 그 어떤 철학자나 사상가도 도달키 어려운 밝은 지혜, 높은 사상, 아름다운 꿈, 치열한 사명감을 지녀 성자의 모습 그대로였으니, 어찌 감동하지 않을 수 있겠는가!"

봉쇄 뚫고 강행한 '고 전태일선생 추도식'

전태일의 죽음에 국민적 관심이 집중되자 정부가 바짝 긴장했다. 성모병원 영안실에 있던 학생들을 전원 연행하고 출입을 통제했다. 그리고 장례식을 치르려고 전태일의 어머니 이소선을 온갖 방법으로 회유하거나 협박했다. 무엇보다 돈으로 회유하려고 위로금을 3천만원이나 주겠다고 했다. 그러나 이소선은 돈을 거부하는 것은 물론 돈으로 회유하려는 당국자들에게 온갖 모욕적인 언행을 다 동원해가며 저항했다. 가난하기 짝이 없고, 3천만원이면 고급주택을 사고도 남을 돈인데도 그 돈을 거부하고 오직 아들의 뜻을 이루어줄 것만을 요구했다.

정부로선 학생데모가 격화되는 데다 정치권조차 노동문제를 정치쟁점화하는 상황에서 전태일의 장례를 더 미룰 수가 없었다. 그래서 이소선이 요구한 8개 항의 요구 조건, 곧 '일요일은 쉬게 할 것', '노동조합의 설립을 보장할 것' 등을 받아들이기로 하고 장례를 치르게 됐다.

전태일의 장례식은 11월 19일 이소선 어머니가 다니던 서울 쌍문동의 창현교회에서 '한국노총장'으로 치러졌다. 비록 관제장례식이었지만 최고의 예우를 갖췄다. 장례위원장은 한국노총위원장 최용수,

호상은 노동청장 이승택이 맡았다. 한 노동자의 장례에 노동청장(현 노동부장관)이 호상을 맡는 것은 그때나 지금이나 있기 어렵다. 정부가 얼마나 당황했는지를 말해준다.

정부는 전태일의 묘소를 서울에서 멀리 떨어진 경기도 마석의 모란공원으로 정해 그를 땅 속에 묻어버리려고 했으나, 전태일은 인간해방 운동의 불꽃으로 되살아났고, 그곳은 민주영령들이 잠든 민주성지가 됐다.

학생들은 당시 이소선 어머니로부터 전태일 동지의 시신인수증까지 받아두고 서울에 있는 여러 대학이 참여하는 대규모 장례식을 준비했었다. 하지만 경찰이 성모병원 영안실을 포위함으로써 시신을 확보할 수 없었던 데다 정부가 이소선의 요구 조건을 수용하고 장례를 치르기로 함으로써 학생 장례식은 별도로 치를 수 없었다.

이에 학생들은 11월 20일 서울법대에서 서울에 있는 대학들이 연합해 '고 전태일선생 추도식'을 열려 했다. 그러나 정부에서 이미 서울대에 휴교령을 내리고 기동경찰이 서울법대 정문을 차단, 다른 대학 학생들이 학교 안으로 들어오지 못해 이미 들어와 있던 서울법대, 서울문리대, 이화여대 학생 400여명이 추도식을 거행했다.

추도식에선 전태일의 친구인 최종인이 전태일이 분신할 당시의 상황과 평화시장의 작업환경을 설명해 학생들을 감동시켰다.

학생들은 이날 발표한 공동결의문에서 전태일을 우리 사회 최고의 경칭이라 할 '선생'으로 불렀다. 당시의 정서를 반영한 것이었다. 전태일은 비록 스물둘의 젊은 나이에 세상을 떠났지만 그 어떤 나이든 학자보다 더 큰 가르침을 이 사회에 선사해 줬기 때문이다.

추도식을 마친 학생들은 교문을 박차고 나가 '전태일선생의 죽음을 헛되이 말라' '근로자의 인권을 보장하라' 등의 구호를 외치며 서울문리대 쪽으로 진출했으나 기동경찰의 저지에 막혔고, 그 과정에서 많은 학생들이 다쳤다. 기동경찰은 학교 안으로 밀려들었고 학생들은 법대 도서관에서 농성을 벌였다. 학생 중심의 전태일 투쟁은 11월 말 겨울방학을 맞으면서 중단되고 사회단체나 교회에서의 전태일 관련 집회도 일단 중단됐으나 전태일이 제기한 노동문제는 새로운 시대를 여는 화두가 됐다.

전태일이 떠난지 23년… 어머니의 분노와 함께 하다

'전태일의 영혼'과 공명한 장기표의 노동운동은 전태일이 떠난지 23년이 지난 2003년 또 다른 형태로 점화됐다. 이해 1월 중순, 장기표에게 이소선의 전화가 왔다. 지금 당장 좀 만났으면 한다고 했다. 그래서 '전국민족민주유가족협의회(유가협)' 사무실이 있는 동대문 근방의 다방에서 만났다. 이소선은 다짜고짜로 "태일이 보상금 문제와 관련해 하원이 아버지가 나서야 하겠다"고 말했다.

'하원이 아버지' 장기표는 이미 이 문제를 알고 있어서 무슨 말인지 금방 알아들었다. 요약하면 '민주화운동 명예회복 및 보상에 관한 법률'에 따라 민주화운동으로 희생된 사람들에 대한 보상을 하는데, 호프만 식으로 계산하게 돼 1990년대 이후의 희생자에 대해서는 1억~2억 원의 보상금을 지급했으나 1970년에 희생된 전태일에 대해서는 830만 원이 책정된 것이다.

이것이 불합리한 것을 알지만 이 법에 그렇게 규정돼 있어서 어쩔 수 없다는 것이었다. 따라서 이 법을 개정해야 보상금을 인상할 수 있다는 것이었다. 그래서 법을 개정해야 한다는 주장이 나오기는 하나 어느 누구도 법 개정을 위해 나서는 사람은 없었다.

이런 상황에서 유가협도 단체 차원에서 법 개정을 주장하지 못하고 있었다. 기존의 법에 따라 1억~2억 원의 보상을 받을 수 있는 유가족들이 자신들이 보상금을 받은 다음 법 개정을 하자는 입장이었다. 법 개정을 주장하면 법이 개정될 때까지 일체 보상금이 지급되지 않을 수 있을 것이란 우려였다. 이 법의 제정을 위해 여의도 국회 앞 도로가에서 421일이나 농성을 했었는데 다시 이 법이 개정되려면 몇 년이 걸릴지 모르는 터라 일단 보상 받을 수 있는 사람은 보상을 받고 법 개정을 위해서 투쟁하자는 것이 이들의 생각이었다.

법 개정을 요구한다고 해서 현재의 법에 따른 보상이 안 이루어질 턱이 없고 만약 법 개정 때까지 보상할 수 없다고 하면 그때 싸워서 보상받을 수 있게 하면 됐으나 의견 통일이 이뤄지지 않자 이소선이 장기표에게 직접 나서서 해결해달라는 것이었다. 장기표는 이소선이 "하원이 아버지가 나서야 하겠어요"라는 말을 하자 즉각 "그렇게 하지요"라고 답하고는 유가협 사무실로 함께 갔다.

이소선은 이 문제 때문에 울분에 차 있었다. 돈 때문이 아니었다. 지식이 있는 사람들, 곧 정치인이나 공무원들, 언론인들, 교수들의 일 처리가 너무나 야비하고 이기적인 데 몸서리를 쳤다. 아들 딸 잃은 부모들이 자식들의 명예회복과 의문사 진상규명을 위한 법 제정 때문에 1년이 넘도록 농성을 하게 하는 것도 있을 수 없는 일인데다 그 과정에서 국회의원이란 자들이 드러내 보인 무성의한 태도들은 '저들이 인간인가'하는 생각마저 들게 한 것이다.

특히 이소선은 민주화운동을 했다는 사람들이 더 미웠다. 말로는 민주열사들 덕분에 민주화가 됐다고 하면서도 정작 민주열사 부모들이 겪고 있는 고통은 외면하는 모습을 목격해야 했던 까닭이다. 더욱이 유가협이 400일이 넘는 기간 동안 농성을 해 명예회복법이 제정되게 됐으나 명예회복 및 보상의 대상자를 끝도 없이 넓혀 법 제정이 지체되게 하자 이소선은 분노하지 않을 수 없었다. 결국 민주화운동을 한 국회의원들이 살아있는 자기들은 보상을 충분히 받을 수 있게 하면서 죽은 사람들에 대한 보상은 대충 처리한 것을 생각하니 인내의 한계를 넘어선 것이었다.

'민주화 보상법'? 단식투쟁으로 바로 잡아... '씁쓸함' 남아

유가협 사무실로 간 장기표는 법 개정을 요구하겠다는 입장을 밝혔다. 만약 법 개정 때까지 보상금을 지급하지 않겠다고 하면 자신이 책임지고 지급하도록 하겠다고 말했다. 사실 무책임하기 짝이 없는 말이었지만 어느 누구도 '당신이 어떻게 책임을 지겠다는 것이냐'라고 말하는 사람이 없었다.

이소선의 울분과 권위 때문이기도 했겠지만 장기표에 대한 신뢰가 없었다면 불가능한 현상이었다. 사실 유가협 소속 유가족들에게 그들의 뜻을 거스르는 말을 하기는 대단히 어려웠지만 이들이 장기표의 뜻을 받아 줘 문제 해결의 첫 단추가 꿰어졌다.

이어 장기표는 법조문을 낱낱이 살펴본 후 법 개정 없이 현행법대로 하더라도 전태일 등의 유가족들에게도 현실적인 보상을 할 수 있음을 발견하고, 이를 법의 집행권자인 대통령에게 알려주기 위해 편지를 써서 청와대로 갔다. 그러나 청와대 비서관을 통해 편지를 전했지만 현행법으로는 현실적 보상이 안 되고 법을 개정해야 하는데 앞으로 그렇게 하도록 노력하겠다는 상투적 답변만 돌아왔다.

보상심의위원회 위원장을 맡고 있던 변호사 조준희를 비롯 민변의 온갖 변호사들이 다 현실적 보상을 위해서는 법을 개정해야 한다고 말하니 그럴 만도 했다. 그 당시 유가협의 법률적인 문제가 생기면 자문을 많이 했던 변호사 박원순 조차 현실적 보상을 위해서는 법을 개정해야 한다고 했다.

그러나 장기표의 설명을 들어보려고 하는 사람도 없었고 장기표가 억지를 부리는 것으로 생각하게 돼 있었다. 장기표의 투쟁끼가 발동했다. 장기표는 보상심의위에 가서 현행법대로도 현실적 보상이 이뤄질 수 있음을 전한 뒤 자신의 요구가 관철될 때까지 단식농성을 하겠다는 뜻을 밝히고 행동에 들어갔다. 이런 과정을 거친 후에야 비로소 정부가 장기표의 요구를 수용했고, 1970년대에 희생된 사람들도 물가상승률을 반영해 보상금을 받게 됐다. 전태일의 경우 1억여 원 정도였다.

문제는 해결됐지만 장기표는 씁쓸했다. 무엇보다 이 투쟁을 통해 정작 하고 싶은 말은 못하고 보상금이나 올려 받는 것이 됐으니 본인도 본인이지만, 이소선의 본 뜻이 왜곡되게 비칠 수 있는 현실이 쓰라렸다. 이소선이 분개한 것은 보상금액이 적은 데 있는 것이 아니라, 이 나라에서 많이 배우고 힘깨나 쓴다는 사람들의 일 처리가 너무나 허술하고 이기적이었기 때문이었다.

더욱이 민주화운동이나 독립운동 등과 관련해 국가가 금전적으로 보상하는 것은 대단히 잘못된 것으로 보고 자신에 대한 민주화운동 보상금을 거부한 장기표로선 공허할 수밖에 없었다. "민주화 보상법이 너무나 불합리해 전태일 보상금은 천만원 미만이네. 이것을 바로잡으러 단식까지 했구나"라는 장기표의 장탄식이 자작시조의 형식으로 남겨진 이유다.

'노동운동'의 획기적 투쟁… '노학연대'의 지평을 열다

장기표의 '노동운동'의 독보적 투쟁사로 빼놓을 수 없는 것이 청계피복노동조합(청계노조)과 직결된 '노학연대'다. 이에 대한 장기표의 가장 획기적인 발상은 '청계노조를 하나의 전략단위로 상정했다'는 것이다. 장기표는 이를 토대로 중요한 계기마다 청계노조와의 노학연대 투쟁을 통해 민주화운동의 활성화에 기여했다.

대학생 시절이던 1970년대 전태일과의 영적 공명에서 촉발한 장기표의 노동운동이 본격적으로 불을 뿜은 시기는 재야운동에 한창이던 1984년, 전두환 정권이 지배하던 때였다. 이 시기는 산업화의 진전에 따라 노동자계급이 양적으로나 질적으로 급성장하고 있었고 민주화를 위한 움직임도 도처에서 나타났다. 저항도 치열했지만 탄압 또한 강경했다. 이 해 하반기 들어 청계노조의 '9.19 투쟁'과 학생들의 민정당사 점거농성으로 상징되는 투쟁이 격렬해졌다.

학생과 노동자의 투쟁을 격려하거나 이들의 연행과 폭행에 항의하러 다니는 일로 바빴던 장기표는 공권력에 의해 폭행을 당하거나 연행된 일이 한두 번이 아니었다. 그나마 정권 차원에서 민주화운동에 대해 원천봉쇄식 강경대응은 하되 구속은 자제하는 바람에 주로 구류를 살았는데, 걸핏하면 잡혀들어가 구류가 몇 번이나 되는지 기억도 못할 정도였다.

이 시기에는 가택연금도 많았다. 유명인사의 집 앞에는 초소를 지어놓고 24시간 감시했다. 장기표의 경우 이소선과 이웃해 살았기 때문에 북부경찰서는 두 집이 잘 보이는 곳에 초소를 지었다. 그러면서 집회나 시위가 있을 만한 날에는 전경을 동원해 외출을 차단했다. 그래서 중요한 집회가 있는 날에는 2~3일 전부터 집에 들어가지 않기도 하고, 어떤 때는 몸싸움을 벌여 기어이 빠져나가기도 했다.

장기표는 이 때 무슨 활동을 하든지 청계노조를 염두에 두고 있었다. 이소선이나 청계노조 간부들과의 친밀한 관계이기도 했지만 그 것보다는 청계노조를 '전략단위'로 간주했기 때문이었다. 즉 청계노조는 사업장 내의 근로조건을 개선하는 역할에만 머무는 게 아니라 군사독재정권을 물리치는 데 결정적 역할을 할 수 있으리라고 봤다. 서울 한복판에 2만여 명의 노동자가 집결해 있는 평화시장을 기반한 데다 '전태일'이란 상징성을 통해 전체운동에 막강한 영향력을 행사할 수 있고, 특히 노학연대투쟁을 조직해낼 수 있어서였다.

그래서 장기표는 70년대에도, 80년대에도 청계노조 활동에 깊이 관여해 청계노조가 민주화운동을 선도하고 노학연대투쟁이 전개되도록 열정을 쏟았다. 〈전태일은 누구인가〉, 〈인간시장〉, 〈청계노조의 합법성에 관한 법률적 검토〉 등을 쓴 것도 그 일환이었다. 이 해 5월 1일의 '청계노조 합법성에 관한 공개토론회'에도 많은 학생들이 참여했고, '9.19 투쟁'은 1980년 전두환 신군부의 '5.17쿠데타' 이후 학생과 노동자 3천여 명이 서울 도심에서 격렬한 시위를 벌인 최초의 투쟁이자 노학연대투쟁의 백미였다.

생사 오가는 '노학연대'... 투쟁 전략 수립·학습 나서

이 투쟁은 곧이어 전개된 계림극장앞에서의 '10.12 투쟁'과 함께 학생운동과 노동운동, 재야운동에 큰 영향을 미쳤다. 이듬해 봄에도 민주화투쟁이 소강상태에서 벗어나지 못할 때 청계노조가 4월 12일 서울 왕십리 일대에서 치열한 투쟁을 전개함으로써 전체 민주화투쟁을 선도하는 역할을 수행했다.

청계노조가 이처럼 '전태일 정신 계승투쟁'의 중심이 돼 노학연대투쟁을 활발히 전개할 수 있던 것은 청계노조 간부들의 역할도 컸지만, 그 이전에 제일교회, 형제교회, 경동교회 등에서의 야학과 더불어 많은 소그룹에서 진행된 노동자와 학생의 공동학습 효과였다. 장기표는 이들의 일상적 활동들이 정세에 맞는 올바른 투쟁전략에 따라 수렴되도록 역할했다.

이렇게 되기까지는 수많은 사람들의 헌신이 있었지만 무엇보다 전태일의 어머니 이소선의 역할이 지대했다. 청계노조 기둥으로, 민주노동운동의 대모로, 그리고 민주열사 어머니, 아버지들의 버팀목으로 한 치의 흐트러짐이 없었다. 또한 전태일의 친구들은 그 엄혹했던 시절 청계노조를 건설해서 지키고 키우면서, 이소선 어머니를 친 어머니처럼 섬겼다. 여기에는 청계노조 조합원들의 생명을 건 투쟁이 있었다. '9.19 투쟁' 때는 50m도 넘는 청계고가도로에서 밧줄에 매달려 언제 떨어질지 몰랐고, '10.12 투쟁'과 '4.12 투쟁'에서는 최루탄 '폭탄'으로 생사가 오락가락하기도 했다.

이에 앞서 장기표는 '민청학련 사건'으로 도피 중일 때 '노동자'로 노동현장에서 날을 지세우기도 했다. 이소선과 가까운 청계노조 김혜숙을 통해 중부시장에 있던 10여명 규모의 작은 공장이었다. 장기표는 제품업(봉제업)을 하려는 사람인데, 경험을 쌓기 위해 공장일을 도우면서 지내는 것으로 했다. 이른바 '위장취업'이었다.

이 때 장기표는 평화시장에서 가까운 신당동에 월세를 얻어 살았는데 이소선은 일주일에 몇차례씩 와서 장기표와 만났다. 청계노조 일 때문이기도 했지만 재야운동 관련 집회가 있을 때는 들렀다. 특히 인혁당 사건 관련 집회 등 큰 사건이 있을 때는 꼭 들러서 의논하곤 했다.

노동자로 '위장취업'... 화장실 갔다 오는데 점심시간의 절반이

장기표는 중부시장에서 하루에 열 시간 이상 시다를 하면서 온갖 잡일들을 했다. 밖에 나왔다 들어올 때는 꼭 인절미를 사 왔는데, 몇 푼 안 되는 돈으로 직공들의 시장기를 가시게 할 수 있어서였다. 장기표는 이곳에 있는 동안 많은 것을 알고 경험했다.

전태일이 그토록 가슴 아파했던 노동자들의 참상을 직접 체험할 수 있었고, 그 참상에서 벗어나기 어려운 사회적, 개인적 요인들도 볼 수 있었다. 점심시간이 한 시간인데 화장실 갔다 오는데 걸리는 시간이 최소 30분은 되니 노동자들의 고통은 말로 표현할 수 없을 정도였다.

장기표는 노동운동의 과정에 1984년 11월 30일에는 민경택시 노조위원장 박종만이 '나 한사람 죽으면 무언가 달라지겠지'라는 유언을 남기고 분신자결한 사건과 맞닥뜨리기도 했다. 장기표는 시신이 안치된 세브란스병원 영안실로 달려가 유족을 설득해 민주세력이 장례를 주도할 수 있게 됐으나 경찰이 강제로 끌어내 닭장차에 실었다. 연행 과정에 난투극이 벌어져 닭장차 안은 아수라장이 되었다.

그러자 경찰이 차 안에 사과탄을 터뜨려놓고는 차 문을 잠가버렸다. 코밑에서 사과탄이 터지는데 순간 지옥이 이런 곳인가 싶었다. 뒤늦게 경찰이 차 문을 열어줬으나 차 안에 있던 사람들은 차 바닥에 쓰러져 일어나지도 못했다. 장기표는 그러고도 구류를 살게 됐는데, 경찰서 유치장에서 살인적 폭력을 지휘한 마포경찰서장의 파면을 요구하며 열흘 넘게 단식투쟁을 했다.

지금 이 순간.

장기표는 이 나라 노동운동의 순교자로 헌신한 전태일의 영혼과 거듭 공명한다.

"오늘 이 시대에 전태일은 어떤 의미가 있을까? 오늘 우리가 겪는 경제 침체와 사회갈등의 근본 원인은 일찍이 전태일 동지가 지적했던 대로 '금전대의 부피'만을 생각하고 '물질적 가치로 전락한 인간상' 때문이다. 전태일 동지의 인간해방사상이야말로 그 해법이 되리란 점에서 새로운 차원의 전태일사상 구현운동이 있어야 한다. 전태일이 주는 최대의 교훈은 '고난을 통해 사랑을 얻는 사랑의 원리' '사랑을 통해 지혜를 얻는 지혜의 원리' '사랑과 지혜를 통해 해방된 삶을 얻는 해방의 원리'로 정리할 수 있다."

4
운동권 대부의 광야의 고난(苦難) 재야운동

"평생 아내와 살 날이 별로 없겠구나."... 옥중의 넋두리

'장기표는 운동권 대부다!'

5차례에 걸친 9년여의 구속, 12년이 넘는 수배, 반복된 고문. 전태일의 서울법대 학생장(1970년), 서울대생 내란음모 사건(1971년), 민청학련 사건(1974년), 청계노조 사건(1977년), 김대중 내란음모 사건(1980년), 5.3 인천사태(1986년), 중부지역당 사건(1993년).

박정희 정권에서 전두환 정권으로 이어지는 그 엄혹한 압제의 시대, 그리고 그 이후 민주세력의 혼돈 시대까지 관통하는 대표적 민주투사.

"평생 아내와 살 날이 별로 없겠구나."

'운동권 대부 장기표.'

대학 시절 학생운동에 이어 노동운동, 재야운동에 걸쳐 민주화 투쟁의 신화이자 전설로 불리우는 장기표에게는 1970년대부터 수십년 세월, 정상적인 삶은 '남의 얘기'였을 뿐이다. 그 탓인지, 덕인지 생각지도 못했던 호칭이 남겨져 있다. 민주화운동 인사들 중 가장 긴 수배와 구속의 세월들을 헤쳐 나온 이 나라, 한사람의 국민에게 붙여 준 역사의 훈장이다.

대학 재학 때 학생운동과 노동운동을 병행해 온 장기표의 재야운동은 '민청학련 사건'으로 투옥됐다가 '10.26 사태' 직후 풀려나와 '서울의 봄'이 다가온 1980년부터 본격화됐다. 이때부터 장기표의 민주화 투쟁은 학생운동, 노동운동에서 재야운동으로 비중을 옮기게 된다.

장기표는 특히 1980년대 중반 설익은 사회주의 사상으로 재야명망가들의 역할이 폄하되고 있을 때 재야 원로들을 중심으로 '민주통일민주운동연합(민통련)'을 결성하는 데 중요한 역할을 했다. 또한 신민당 개헌현판식을 활용한 민주헌법쟁취운동을 제창, 마침내 '민주헌법쟁취국민운동본부' 결성으로 전두환 정권의 종말을 가져왔다.

국민연합 조직국장 역할... 민주화투쟁 고삐

장기표가 출소해서 마주한 10.26 사태 이후의 정국은 그야말로 안개정국이었다. 독재자 박정희가 죽었으니 민주화가 이뤄질 것 같기도 했다. 한편으로는 전두환 신군부가 나타나 박정희를 살해한 김재규를 구속하고 박정희 장례식을 국장으로 치르며 '12.12 쿠데타'로 권력의 중심을 장악하면서 유신체제를 연장하는 조치를 취함에 따라 그 반대의 길로 빠질 수도 있었다.

하지만 이 중차대한 역사의 기로에서 민주세력은 분열됐고 신군부는 자신들의 시간표대로 정권을 장악해 나갔다. '서울의 봄'으로 기억되는 이 해에 제도정치권내 민주세력의 지도자 위치에 있던 '양김', 김대중과 김영삼이 서로 견제하기에 급급한 채 신군부 대응에 제대로 나서지 못한 것은 주요 패착이었다.

여기에 더해 전체 민주세력이 투쟁파와 비투쟁파로 나뉘어 후일 학림, 무림 논쟁으로 지칭된 탁상공론에 빠진 것도 힘 빠지는 일이었다. 신군부가 결코 만만한 세력은 아니었지만 민주세력 내부의 이런 갈등과 충돌은 민주화운동의 오점으로 새겨질 수밖에 없는 것이었다.

장기표는 이런 상황에서 출소하자마자 재야세력의 구심이라 할 '민주주의와 민족통일을 위한 국민연합(국민연합)'의 조직국장을 맡아 민주화투쟁에 고삐를 죄기 시작했다. 국민연합은 윤보선, 함석헌, 김대중이 공동의장을 맡았고, 집행위원장은 문익환, 집행위원은 이문영, 예춘호, 고 은 등과 홍보국장이던 심재권, 조직국장인 장기표로 구성됐다.

그런데 공동의장 가운데 한 명이라도 반대하면 안건이 부결된 것으로 간주 돼 활동이 난관에 봉착한 때가 많았다. 당시 김대중은 재야의 강경투쟁이 신군부에게 탄압할 명분을 준다며 온건한 대응을 주문하기 바빴다. 이는 결국에는 민주화투쟁을 약화시키면서 신군부에게 체제를 정비할 시간을 주는 악영향만을 끼쳤다.

당시 정세는 숨이 막힐 정도로 답답했다. 전두환은 관련 법률을 위반하면서까지 중앙정보부장직을 겸직했다. 민주세력으로선 성명서 등으로 비판을 하기도 했지만 신군부의 집권음모를 저지할 수 있는 뚜렷한 방안을 강구하지 못했다. 무엇보다 학생들이 투쟁에 떨쳐나서야 하는데 그러지 못했다. 투쟁파와 비투쟁파간 탁상공론도 문제였지만 총학생회장선거가 있다든가, 워밍업이 필요하다든가 하는 문제로도 투쟁이 늦어지고 있었다.

이런 상황에서 4월 초 김대중의 '덕산발언'이 나왔다. 김대중은 '(김영삼이 총재인)신민당에 입당하지 않고 재야민주세력에 기반해서 새로운 정치세력(정당)을 형성하겠다'는 취지의 발언을 해 굉장한 파문을 불러일으켰다. 국민연합 관계자들과 김대중 측근들이 이 문제를 논의하기 위해 김대중의 집 응접실에서 회의를 열었다.

문익환, 예춘호, 이문영, 한완상, 김종완, 심재권, 장기표 등 40여 명, 그리고 김대중의 부인 이희호도 참석했다. 이날의 논점은 김대중의 신민당 입당 여부, 신민당에 입당하지 않을 경우 독자정당 건설

여부, 독자정당을 건설할 경우 국민연합에 기반한 정당을 건설할 것인지 아니면 국민연합과는 별개로 신당을 창당할 것인지 하는 것이었다.

신군부의 5.17 쿠데타 발발… 거리에 깔린 군경

논의가 분분한 과정에 장기표가 의견을 내놓았다. 장기표는 "김대중 의장이 신민당에 입당하는 것도 좋고 신당을 창당하는 것도 좋은데, 신군부의 집권연장 음모를 분쇄하기 위해서는 민주세력이 국민연합을 중심으로 강력한 민주화투쟁을 전개해야 하는 만큼 국민연합에 기반해 신당을 창당하려 해서는 안된다"고 강조했다.

또 "김대중 의장이 국민연합의 공동의장을 맡고 있으면 국민연합의 투쟁도 지장을 받고 김 김의장도 탄압의 대상이 될 수 있으니 국민연합의 공동의장직을 사임하는 것이 좋겠다"는 요지의 주장을 펼쳤다. 대다수가 공감하고, 이희호도 동조한 장기표의 주장은 그러나 당사자인 김대중이 반대해 무위로 끝났다.

김대중은 어떤 경우에도 재야의 기반을 놓치고 싶어 하지 않아 했다. 자신이 재야에서 비켜서야 재야의 활발한 투쟁을 통해 민주화를 달성할 수 있고 민주화가 돼야 대통령도 될 수 있었지만 이를 간과하고 있었다. 그러나 이것을 제어할 수 있는 힘이 재야에 없는 게 더 큰 문제였다.

장기표는 이해 5월 들어 국민대회 준비를 위해 동분서주했다. 국민연합은 이달 19일 정오를 기해 전국의 시·도청 소재지에서 계엄해제와 신군부 퇴진 및 민주화를 촉구하는 국민대회를 개최할 것을 결의하고 '민주화를 위한 국민행동 강령'을 발표키로 했다. 때마침 학생들의 시위가 치열해져 이달 15일에는 서울역 광장에 10만 명 이상의 학생이 결집해 '계엄 해제', '전두환 퇴진'을 외치고 나섰다.

그러나 이날 저녁 학생지도부가 이 집회를 더 이상 끌고 가는 것은 적절치 못하다고 판단, 각 대학으로 돌아가기로 결정하고 해산했다. 이른바 '서울역 회군'이었다. 이틀 후인 5월 17일, 기어코 신군부가 계엄령을 전국으로 확대하는 조치와 함께 쿠데타를 감행했다. 김대중과 문익환 등 수많은 민주인사를 구속하고 김영삼은 가택에 연금하면서 군 병력을 시내 중심가에 배치하는 등 온갖 반민주적인 조치를 단행했다.

이날 밤 국민대회 일로 윤보선 집에 있던 중 쿠데타 소식을 들은 장기표는 집에 들어가지 않고 친구 집에 가서 잤다. 새벽에 일어나 신문을 보니 '계엄령 전국 확대'란 표제 아래 김대중 체포 등 신군부의 쿠데타를 알리는 뉴스들이 어지럽게 보도돼 있었다. 거리에는 이미 군인과 경찰이 물샐틈없이 배치돼 있었다.

또 다시 닥쳐 온 수난… '김대중 내란음모 사건'으로 도피

그런데 다음 날인 5월 18일 '광주사태'라는 더 큰 문제가 들이닥쳤고, 장기표의 수난은 또다시 재연됐다. '5.18 민주화운동'이 폭발한 다음 날, 광주에서 군인들의 무차별 공격으로 사람들이 죽어가고 산발적 시위가 벌어지고 있다는 등 사태의 심각성을 전해 들은 장기표는 몇몇 동지들과 광주로 가려고 했으나 차가 중간에 차단돼 갈 수 없었다.

광주사태 하루 전날 발발한 '5.17 쿠데타'와 함께 수배자 명단이 발표됐는데, 장기표 이름이 맨 앞에 등장했다. 장기표로선 이래저래 미운 털이 박혔겠으니 당연했지만, 특히 '김대중 내란음모 사건'이 '내란음모'가 되는 데 장기표가 결정적 역할을 한 것처럼 파악돼 있던 때문이었다. 그래서 심지어 '장기표는 도망 다니는 데 선수라 체포가 어려우면 사살해도 좋다'는 지시가 내려졌다는 말까지 돌았다.

실제로 장기표를 체포하기 위한 수사기관의 작업은 수단과 방법을 가리지 않았다. 가령 동창생의 경우 졸업 후 한 번도 만난 일이 없음은 물론 전화 한 통 주고받은 일이 없어도 전원 조사를 받았고, 심지어 경찰서 단위까지 '장기표 체포전담반'이 구성됐다고 할 정도였다.

장기표는 그 후 3년여 동안 도피 생활을 계속했다. 장기표는 그때까지 시도 때도 없이 징역 아니면 수배를 당한 터라, 평생 아내와 살 날이 별로 없겠다 싶은데다 아내와 함께 하는 것이 피신에 도움이 되겠다 싶어 부부가 같이 움직였다. 김정남, 김한림의 도움으로 둔촌동에 사는 KBS 아나운서 유영순의 집에서 몇 달 살기도 하고, 서울구치소 있을 때 많은 배려를 해 준 전병용 전 교도관의 처조카 서원열의 가족과 함께 1년 가까이 지내기도 했다.

피신생활은 한 곳에서 오래 할 수 없었다. 장기표는 아내 조무하, 그리고 '피신둥이'인 하원, 보원 두 딸과 함께 서울의 목동, 신정동, 안양 등지를 전전하며 도피처를 옮겨 다녀야 했다. 그 과정에 이화여대 학생운동권 출신으로, 훗날 민주당 국회의원이 된 김상희와 그 가족들로부터 물심양면으로 크게 도움을 받았다.

이 시기, 전두환 정권의 정권유지 전략의 변화에 따라 유화국면이 조성됐고, 언제 탄압국면으로 돌변할지 모르긴 했지만, 정권의 탄압이 더이상 용납되기 어려워지면서 민주화로의 진전은 시대적 흐름으로 잡혔다. 이에 따라 김대중을 위시해 김대중 내란음모 사건으로 구속된 민주화인사들이 전원 석방됐다.

장기표는 이같은 정치상황의 변화도 있었지만 자신을 피신시켜 준 은인들에게 더 이상 누를 끼치지 않기 위해서도 피신생활을 청산해야겠다고 생각했다. 문제는 구속을 면할 수 있느냐 하는 것과 피신생활을 도운 분들에게 피해가 가지 않게 할 수 있느냐 하는 거였다. 정치상황상 구속은 면할 수도 있을 것 같았지만, 피신생활을 도운 분들에게 아무런 피해가 가지 않게 하는 일은 쉬운 일이 아니었다.

'외국에 나가 공부나 좀 하고 오라' 안기부의 강권 묵살

결국 장기표는 안기부에 연행돼 40여 일간 지하실에서 조사에 시달려야 했다. 안기부가 장기표에게 바란 것은 외국으로 유학을 가는 것이었다. 국내에 있어 봐야 또 구속될 것이니 외국에 나가 공부나 좀 하고 오라는 요지였다. 물론 장기표에 대한 유학 요구는 이번이 처음이 아니었다. 하도 귀찮게 요구해서 '유학 가겠다'고 말해줄 수도 있었겠지만 말로 끝나는 문제가 아니었다.

장기표는 민주화운동 과정에 거듭된 구속, 옥살이 이외에도 시도 때도 없이 셀 수 없을 정도로 경찰과 안기부 등 공안기관에 의해 연행되는 고초를 겪었다. 1985년도 학생운동권의 서울 미문화원 점거농성 때 지원나갔다가 경찰에 연행되는 장기표

안기부는 유학에 동의하면 곧바로 절차까지 밟으려 들었다. 그렇지만 장기표는 유학 갈 생각이 전혀 없었다. 세상을 바꾸려는 사람이 유학을 가서는 안 되기도 했지만, 독재정권의 요구에 따르는 것이어서

용납할 수 없었던 것이다. 장기표는 가까스로 석방되고 피신생활도 끝낼 수 있었다.

안기부에서 풀려난 장기표는 당장 살 집을 구해야 했다. 장기표는 이소선이 자신이 사는 동네로 와서 함께 살기를 바라며 알선해 준 무허가집을 구하게 됐다. 비록 공동묘지 옆 산 속에 있는 9평짜리 좁은 집에 불과했지만 이사를 다니지 않아도 되니 더없이 편했다. 또 공기가 좋은 것은 말할 것도 없고 아이들이 마당이나 동네에서 마음 놓고 뛰놀 수 있어 맨션아파트가 부럽지 않았다. 결국 이 무허가 집이 기반이 돼 훗날 장기표의 집 문제가 해결됐다. 죽은 전태일이 장기표가 평생 살 집을 마련해 준 것이었다.

곧바로 장기표는 재야민주화운동이 활성화되도록 재야세력을 재정비하는 일에 나섰다. 이때 장기표는 민중운동단체의 연대조직보다 재야 유명인사들의 조직화가 더 시급하다고 판단했다. 이에 따라 장기표는 '민중민주운동협의회(민민협)'의 사무국장을 맡으라는 중론을 뿌리치고, 최우선 과제로 설정한 재야 유명인사들의 조직화에 나섰다.

장기표는 문익환, 계훈제, 백기완, 이창복 등과 여러 차례의 회합 끝에 '민주통일국민회의(국민회의)'를 결성하기에 이르렀다. 의장에 문익환, 부의장에 계훈제와 신현봉, 중앙위 의장에 강희남, 서울민통련 의장에 백기완을 선출했다. 그리고 이창복이 사무처장을 맡고 장기표는 사무차장을 맡았다. 또 고대 출신으로 민청련에서 일하던 이명식이 국민회의에 합류해 실무를 총괄하며 크게 역할했다.

국민회의는 출범하자마자 운동의 중심이 됐다. 수사기관에서도, 국민이나 민중운동단체들도 국민회의에 주목했다. 유명인사들이 포진해 있었기 때문임은 물론이다. 그래서 학생이 구속되거나 노동자가 폭행당해도 국민회의로 찾아왔다.

재야세력의 최대 목표는 군사독재 타도였다. 이를 위해선 종합적인 전략 아래 일사불란한 투쟁이 전개돼야 했고 연대조직 이상의 투쟁지휘부가 있어야 했다. 이에 따라 1985년 3월 범재야세력이 모여 국민회의와 민민협을 통합한 '민주통일민중운동연합(민통련)'이 결성됐다. 민통련이 명실상부하게 운동의 중심이 되자 독재정권은 민통련을 본격적으로 탄압했다. 사무실을 압수수색해 홍보물을 압수하는가 하면 걸핏하면 주요 간부들을 연행해 구류를 살렸다.

장기표는 1985년 9월경부터 경찰의 출두요구를 거부하고 또다시 피신하게 됐다. 청계노조의 가두시위와 구로연대파업 지원 농성 등과 관련해 정부가 꼬투리를 잡아 구속할 것 같아서였다. 그러나 공식적이고 공개적인 지명수배가 아니어서 집에 들어가거나 민통련 사무실에 출근하지 못할 뿐 활동은 활발하게 했다.

미문화원 농성투쟁… 관악산을 넘다… 토해 낸 사자후

이 시기, 재야 운동권도 활발히 움직였지만 국내 정치상황도 긴박하게 돌아갔다. 1985년 2월 미국에 가 있던 김대중의 귀국으로 야당 정치권의 활약이 기대된 가운데 '2.12 총선'에서 신생정당인 신민당이 돌풍을 일으킴으로써 민주화에 대한 국민의 기대는 한껏 고조됐다. 집회와 시위, 농성은 말할 것도 없고 분신자결 등 격렬한 투쟁도 전개됐다.

이 해 5월에는 대학생 70여명이 서울 한복판에 있는 미국문화원을 점거해서 농성하는 일이 일어났다. 뒤이어 6월에는 서울 구로지역에서 한국전쟁 이후 최초의 노동자 동맹파업인 '구로연대파업'이 벌어져 노동운동이 사회변혁운동에서 중요한 지위를 점할 것을 예고했다.

전두환 정권은 다급했다. 학생들의 투쟁을 봉쇄하기 위해 '학원 안정법'을 제정하려 했으나 각계 민주세력의 저항에 직면해 포기하지 않을 수 없었다. 그렇다고 해서 전두환 정권이 약화된 건 아니었다. 민주세력과 전두환 정권 사이에는 팽팽한 긴장이 조성됐다.

장기표는 민통련 부의장 계훈제, 중앙위원 오대영 등과 함께 미문화원으로 갔다. 경찰이 겹겹이 차단하고 있어 접근이 어려웠다. 격렬한 몸싸움 끝에 정문까지 다가가 학생들로부터 농성학생이 70여명 된다는 것과 광주학살에 대한 미국의 사과 등을 요구한다는 것을 듣고는 격려의 말을 건넸다. 그랬더니 경찰이 막무가내로 끌어냈다. 장기표는 자칫하면 구속될 가능성도 있어 완강하게 저항했지만 중부경찰서까지 끌려가고 말았다.

장기표는 반미주의자는 아니었다. 한국을 미국의 식민지로 규정하며 반미자주화투쟁이 최우선 과제라는 주장에 동의하지 않았다. 한국이 미국에 예속된 측면이 있지만 그렇다고 해서 '식민지'로 규정하는 것은 옳지 않다고 봤다.

그런데도 장기표가 미문화원 농성투쟁을 격려한 것은 8.15해방 이후 그 배경과 원인이 어디에 있든, 미국으로부터 받은 혜택이 얼마가 되든, 미국이 한국을 어렵게 한 것도 많은 터에 '혈맹'만 강조되고 미국에 대한 규탄은 없는 것은 옳지 않다고 봤기 때문이었다. 이런 이유로 장기표는 문부식, 김은숙 등에 의해 감행된 부산미문화원 방화사건도 민족자존을 위한 쾌거로 환영했다.

중부서에 연행된 장기표는 29일간의 구류 처분을 받았으나 정식재판을 청구해서 10일만에 석방됐다. 바로 이 날 서울대학교에서 미문화원농성투쟁을 지지하는 학생들의 집회가 열렸다. 집회 현장은 경찰이 봉쇄해 외부인의 출입이 철저히 통제됐다. 그러나 장기표는 기어이 봉쇄망을 뚫었다. 이날 장기표는 관악산을 넘었다. 오후 2시 집회에 1시 30분쯤 도착했는데 이미 1만 명 이상의 학생이 모여 있었고, 열기는 하늘을 찌를 듯했다. 1980년 서울의 봄 이후 최대의 집회였다.

장기표는 연단에 오르게 됐다. 장기표가 학생운동의 신화로 여겨지던 때였던데다 미문화원 농성학생들을 격려하러 갔다가 구류까지 살고 나왔으니 연단에 서자마자 열광적인 박수가 터져 나왔다. 장기표는 이날 미문화원 농성학생들을 격려하러 간 경위와 농성학생들의 요구사항을 소개하면서 이 요구사항이 관철될 수 있도록 함께 투쟁할 것을 당부했다.

또 "대학생들은 국민으로부터 혜택을 받고 있다. 따라서 국민을 대신해서 민주화투쟁에 나서야 한다"는 요지로, 정치 후진국에서의 학생의 정치적 지위와 사명 등 평소 학생들에게 하고 싶었던 말을 쏟아냈다. 장기표는 이 연설이 있고서 20년 이상 지나고도 이 연설을 들었던 학생들로부터 무척 감동했었다는 말을 들을 정도로 사자후를 토했던 것이다.

5.3 인천사태 주도 혐의로 또다시 구속... 2년 6개월 옥살이

1980년대 초반부터 시작된 전두환 정권의 유화정책은 후반 들어 탄압정책으로 바뀌었다. 전두환 정권의 7년 임기가 끝나는 1988년을 앞둔 전두환 정권의 입장에선 집권연장의 길을 모색해야 했고 민주세력의 입장에선 군사독재정권을 끝장내고 민주정부를 세워야 했다.

따라서 민주세력은 반독재민주화투쟁을 치열하게 전개했고, 전두환 정권은 유화정책을 포기하고 탄압정책으로 돌아섰다. 구류가 구속으로 바뀌면서 1985년 '서울미문화원농성 사건' '구로연대파업 사건' 등에서 수십명씩 구속됐고, 학생들의 '민정당 중앙연수원점거 사건'에서는 191명이 구속되는 사태가 발생했다.

당시 재야민주세력은 투쟁의 방침을 두고 민통련과 민청련이 달랐다. 민청련은 '대통령직선제 개헌'을, 민통련은 '민주헌법쟁취'를 각각 표방했다. 민통련의 민주헌법쟁취는 장기표의 견해가 반영된 것인데, 개헌을 주장하면 그 주도권이 야당 내지 국회로 넘어가 시간을 끌 염려가 있었던 데다 대통령직선제를 관철하기 어려울 것 같다는 판단이었다.

재야민주세력으로선 대중투쟁을 통해 전두환 정권으로 하여금 대통령직선제를 수용하도록 압박했어야 했다. 군사독재의 성격상 대통령직선제의 관철 여부는 대중투쟁에 의해 결판날 일이지, 야당의 개헌 노력에 의해 결판날 일은 아니었기 때문이다. 1987년 '6월 민주항쟁'을 이끈 조직도 그 명칭을 민통련의 방침대로 '민주헌법쟁취 국민운동본부'로 했다.

1987년 6월 민주항쟁이 있기까지는 수많은 투쟁이 있었고, 1986년에는 그 절정을 이뤘다. 민통련은 신민당 개헌현판식에 맞춰 민주헌법쟁취투쟁에 박차를 가했고 학생과 노동자, 농민은 물론 종교인, 언론인, 법조인, 출판인, 여성 등 국민 각계가 형식과 내용에서 약간의 차이는 있었지만 반독재민주화투쟁을 치열하게 전개했다.

'5.3 인천대회'가 최대 투쟁현장으로 작동했다. 신민당의 개헌현판식이 열릴 인천 시민회관 앞에는 이날 오전 일찍부터 많은 시민들이 모여들어 현판식이 예정된 11시경에는 10만명 이상의 군중이 운집했고 민통련도 일찌감치 시민회관 앞 광장 중앙에 자리를 잡았다.

그러나 이날 신민당의 개헌현판식은 오후 3시까지 연기되다가 끝내 열리지 못했다. '반제반파쇼민족민주투쟁위원회(민민투)'와 '반미자주화반파쇼민주화투쟁위원회(자민투)' 소속 학생들이 행사 시작 전 시위를 벌여 경찰이 이를 핑계로 김영삼 고문을 포함한 신민당 지도부의 행사장 입장을 저지한 때문이었다. 신민당의 현판식은 열리지 못했지만 민통련을 포함한 재야단체들은 나름의 연설회를 개최했다. 이에 경찰이 페퍼포그를 쏴 시민회관 앞 네거리는 페퍼포그로 뒤덮였다. 결국 5.3 인천대회는 경찰의 강제진압으로 해산됐다.

이날 집회는 운동권의 분열상을 그대로 보여줬다. 크게 재야의 민통련과 민청련, '서울노동운동연합(서노련)' 그리고 학생운동권인 민민투와 자민투 등으로 나뉘어 이념적으로 분열했다. 민통련은 민중주체민주주의를 이념으로 하고 있었고, 민청련은 민족민주를 내세워 주사파 성격을 띠었다. 서노련은 마르크스·레닌주의로서의 공산주의를 이념으로 했다. 민민투는 민중민주 노선이고, 자민투는 반미자주 노선이었다. 현실을 무시한 교조주의의 전형들이었다.

장기표는 이미 오래전부터 마르크스·레닌주의로서의 사회주의·

공산주의와 북한의 주체사상이 아닌 새로운 이념이 나와야 한다고 주장했다. 특히 운동권에서 이른바 'CNP 논쟁', 즉 CDR(시민민주주의혁명)과 NDR(민족민주혁명), PDR(민중민주혁명) 논쟁이 한창일 때 국민대중인 민중이 주체가 되는 '민중주체민주주의'를 이념으로 하는 새 이념을 추켜들었다. 또한 이런 주장을 '민주·통일 민중운동론'이란 이름으로 체계화했다. 민통련의 수련회에선 이를 논의하면서 민통련의 운동이론으로 삼았다고 한다.

장기표는 5.3 인천대회 주도 혐의로 또다시 구속돼 2년 6개월 동안 옥살이를 하는 수난이 반복됐다.

옥중에서 맞은 대선… 양김의 분열… 민주세력의 타격

1987년 재야민주세력에 대해서도 전에 없던 탄압강풍이 몰아쳐 민청련의 상임위원장 김병곤이 구속됐고, 뒤이어 민청련 의장을 갓 퇴임한 김근태도 구속됐다. 이때 김근태의 고문 폭로를 계기로 고문에 대한 사회 전반의 분노와 경각심이 공감대를 이뤄 고문을 규탄하는 투쟁이 도처에서 일어났다. 특히 재야민주세력과 야당정치권이 공조해 '고문용공조작저지 대책위원회'를 결성하게 됐다. 이것은 재야민주세력과 야당정치권이 민주화투쟁에서 공조하는 계기가 되기도 했다.

장기표는 5.3 인천사태로 수감 중인 상태에서 1987년 제 13대 대통령선거를 맞게 됐다. 당시 선거전은 전두환의 뒤를 이은 노태우와

'3김'인 김대중, 김영삼, 김종필 등 4자간 대결로 진행됐다. 장기표는 선거 승리를 위해서든, 선거 후의 부정선거 규탄투쟁을 위해서든 민주세력의 후보단일화가 이뤄져야 한다고 판단했다. 이에 따라 장기표는 '개인적으로는 김대중을 지지하지만, 대선 후보 자리는 김영삼에게 양보할 것'을 요청하는 편지를 써서 김대중에게 보내기도 했다.

그러나 끝내 후보단일화는 이뤄지지 않았고, 12월 16일 선거에서 노태우 820만 표, 김영삼 630만 표, 김대중 610만 표로 노태우가 당선됐다. 양김의 표를 합하면 노태우를 이기고도 남았으나 민주화를 눈앞에 두고도 야당 후보의 분열로 선거에서 패배한 결과는 민주세력에게 엄청난 타격을 가했다.

양김의 분열은 뭇 사람의 생명까지 바쳐가면서 얻어낸 민주화투쟁의 성과를 수포로 만들었고, 6월 민주항쟁의 뜨거웠던 감동을 허탈감으로 바뀌게 했으며, 민통련을 중심으로 한 재야민주세력의 분열을 가져와 후유증에 시달리게 했다. 또 양김의 후보 분열은 지역감정을 이전까지와는 비교가 안 될 정도로 악화시켰다.

선거 후 민통련은 초상집 같았다. 김대중 지지 쪽에 섰다가 낭패를 본 것이 민통련을 어렵게 만든 주된 요인이었지만 이에 못지않게 김대중에 대한 '비판적지지(비지)'파와 김영삼으로의 '후보단일화(후단)'파의 심각한 갈등도 그 요인 중 하나였다. 장기표는 민통련 강화를 주장했던 만큼 비지파나 후단파에 속하지 않은 데다 수감돼 있어 선거 패배의 후유증에 덜 시달렸으나 실망감은 이루 말할 수 없었다.

전민련 결성, 사무처장 맡아 '노태우 정권 퇴진' 집중

형기를 마치고 1988년 12월 석방된 장기표는 1987년 대선 때 김대중에 대한 비판적 지지로 인한 국민의 신망 상실과 내부 분열로 더 이상 존립할 수 없게 된 민통련을 해체하고 새로 결성된 '전국민족민주운동연합(전민련)'에서 활동하게 됐다. 장기표는 원래 6월 민주항쟁 이후에는 운동권이 비합법적인 전선조직과는 별개로 합법적인 정당을 건설해야 한다고 보고 전민련 결성에 소극적이었으나 교도소에 있는 동안 이미 재야운동권이 합의해 둔 데다 자신에게 사무처장을 맡겨 역할을 하지 않을 수 없었다.

재야운동권으로선 당시 광주·5공 문제의 주된 책임자인 전두환과 노태우에 대한 문책에 나서고, 노태우의 선거 공약인 중간평가가 이뤄지도록 하는게 당면 과제였다. 전민련은 반외세자주화와 반독재민주화, 그리고 민중생존권보장을 기치로 내걸었으나 노태우 정권의 퇴진이 핵심 목표였다.

1989년에 접어들면서 사회 각 부문에서 민중투쟁이 격화됐다. 그 전해인 1988년에는 1987년 대선에서의 패배로 인한 사기 저하와 새로 들어선 노태우 정권에 대한 일말의 기대, 그리고 서울올림픽 등의 요인으로 인해 민주세력의 투쟁은 소강 상태에 머물렀다.

그러나 이 해에는 대선 패배에 따른 사기 저하도 극복되고, 노태우 정권에 대한 기대가 무산된 것은 물론 오히려 민중운동이 심각한 탄압을 받고 있어 투쟁이 격화될 수밖에 없었다. 전민련은 민중투쟁을 지원하면서 광주학살·5공비리의 진상규명과 책임자처벌 같은 민주화 조치를 외면하는 노태우 정권에 대한 공세로 눈코 뜰 새가 없었다.

이 해 3월 중순에 접어들자 노태우 중간평가 문제가 최대의 현안이 됐다. 전민련은 중간평가를 통해 노태우 정권을 퇴진시킬 방침을 정하고 3월 19일 한양대 운동장에서 '노태우 정권 불신임선포식'을 개최했다. 그러나 다음 날, 노태우 정권이 중간평가를 유보한다고 발표했고, 야당들이 각기 이해득실을 토대로 이에 결과적으로 동조하면서 재야 민주세력의 목표는 무위로 돌아가고 말았다.

이후 전민련 고문이었던 문익환 방북 사건을 빌미로 공안정국이 도래한 상황에서 1990년 10월 4일, 국군 보안사령부에서 '수사 협조'를 하던 윤석양 이병이 보안사가 민간인을 사찰해온 것을 폭로하는 기자회견을 했고, 재야민주세력은 이를 반정부투쟁의 호재로 삼았다. 재야민주세력은 즉각 보안사 불법사찰 규탄과 군정종식 투쟁에 돌입했다.

이미 이때는 노태우 중간평가 폐기, 3당 합당 등으로 재야의 민주화 투쟁이 격렬하게 전개되고 있던 때여서 보안사 불법사찰 폭로는 불난 집에 기름을 갖다 부은 셈이었다. 10월 13일에는 보라매공원에서 보안사 불법사찰의 대상자들이 대거 참가한 가운데 최소 10만명 이상이 모인 대규모 집회가 열렸다.

합법적 정당활동과 재야민주세력 투쟁 병행... 김귀정 장례 집행

장기표가 재야민주세력의 독자 정당화를 이룬 것이 바로 이 시기다. 장기표는 이 해 11월 10일 창당한 민중당을 통해 합법적 정당활동과 재야민주세력의 투쟁을 병행하기 시작했다.

1991년 들어선 4월 26일 명지대학생 강경대가 시위 도중 전투경찰의 집단 폭행에 의해 사망하는 사건이 발생한 것을 계기로 민주화 투쟁이 격화됐다. 사건이 터진 당일 재야민주세력은 '고 강경대 열사 폭력살인 규탄 및 공안통치 종식을 위한 범국민 대책회의(대책회의)'를 구성했다. 민주세력 주요 단체들의 대표가 모두 공동대표였던 이 조직에 장기표도 공동대표로 참여했다.

대책회의 주최의 5월 4일 제1차 국민대회에는 전국에서 20만 명 이상이 참여한데 이어 5월 9일 제2차 국민대회에는 50만 명 이상이 참여할 정도도 뜨거운 열기를 분출했다. 5월 18일에는 강경대 노제투쟁을 치열하게 하고 명동성당으로 투쟁본부를 옮기면서 명칭도 '공안통치 종식과 민주정부 수립을 위한 범국민대책회의'로 바꿨다.

그러나 6월 3일 국무총리 정원식이 한국외국어대에서 강의를 하고 나오다 운동장에서 학생들로부터 달걀과 밀가루를 얻어맞고 봉변을 당하는 일이 발생하면서 민주세력의 투쟁은 급전직하하는 위기를 맞게 됐다. 정원식 사건 다음 날 아침 조간신문과 방송 등에서 학생들은 물론 재야민주세력이 패륜아 취급을 당했다. 이 사건으로 반독재 투쟁은 급속도로 지리멸렬해졌고 더 이상 국민대회를 열 수조차 없었다. 노태우 정권을 물러나게 하지 못할 바에는 더 이상 소모적인 투쟁은 하지 말라는 것이 국민들의 대체적 분위기였다.

명동성당에 남아 있던 투쟁본부 관계자들도 더 이상 버티는 것이 의미가 없다고 보고 자진출두 형식으로 연행돼 갔다. 참담한 결과였다. 이 와중에 장기표는 '공안통치 민생파탄 노태우정권 퇴진을 위한 제3차 범국민대회'에 참가했다가 경찰의 공세에 밀려 사망한 성균관대생 김귀정 장례위원회의 집행위원장을 맡아 6월 12일 장례를 치렀다. 정원식 사건으로 인해 재야민주세력이 벼랑 끝으로 몰린 상황 속에서 장기표는 이 장례식을 민주화투쟁의 대미를 장식하는 장(場)으로 삼아야겠다는 비장감으로 이끌었고, 실제로 성대하게 장례식은 마무리됐다.

안기부 공작으로 '이선실 간첩사건'에 휘말려 구속 재연

장기표는 재야민주세력의 투쟁이 가라앉아 있던 1992년 '이선실 간첩 사건'에 휘말려 또다시 구속됐다. 이해 10월 6일 국가안전기획부는 '조선노동당 사건 최고위급 간첩 이선실, 김낙중 등 수사결과' 발표를 통해 "북한은 노동당 서열 22위인 간첩 이선실을 남파, 김낙중 등과 함께 '조선노동당'을 구축해 왔으며 1995년에 공산화 통일을 이룬다는 전략 아래 입체적인 대남공작을 수행해왔음이 확인됐다"고 밝혔다.

이에 앞서 안기부는 간첩 활동을 한 혐의로 김낙중을 조사하는 과정에 장기표를 연행됐다. 안기부는 장기표에게 김낙중 간첩 활동은 사실이라며 그것을 믿을 것을 요구했다. 그러나 장기표는 안기부가 대통령 선거를 앞두고 간첩사건을 조작하는 것이라고 봤다.

따라서 안기부의 요구를 수용하지 않는 의미에서 일체의 심문에 응하지 않았다. 48시간 동안 의자에 앉은 채로 말 한 마디 하지 않고 버텼더니 온갖 협박을 다 했다. 그럼에도 불구하고 장기표가 끝까지 심문에 불응하니까 48시간이 돼 석방했다. 장기표는 '민주개혁과 사회진보를 위한 협의회(민사협)'의 대표로서 김낙중 사건은 조작된 것이란 입장에서 안기부를 규탄하는 활동을 열심히 했다.

이런 상황에서 곧바로 이선실 사건이 터진 것이다. 북한의 거물 공작원이 남한에서 오랫동안 간첩활동을 해왔고 민중당에 침투해서 민중당 당원 가운데 상당수를 포섭해서 간첩 활동을 하게 했다는 이른바 '중부지역당 사건'이었다. 장기표는 당시 재야민주세력의 독자 정당으로 가동되던 민중당의 정책위 의장이었기에 당혹스런 일이었다.

민중당은 이우재가 상임대표로 있긴 했으나 사실상 장기표가 주도적으로 창당한 정당이었다. 민중당의 창당 초기부터 자기 남편이 '제주 4.3 사건'의 희생자라며 민중당 사무실에 자주 나와 있던 그 할머니가 바로 이선실이라는 것이 안기부 발표였다.

장기표는 이선실과 가깝지는 않았지만 언젠가 그녀가 '평생 소원이 민족통일인데 민족통일을 위해 애써 달라면서 김일성 주석도 장기표를 굉장히 좋아한다'는 투로 말하는 것을 듣기는 했다. 장기표는 당시 남한에 젊은 층은 물론 노인층에도 주사파가 있음을 간파했기에 이선실의 말이 혁신계 인사의 넋두리라고 생각하고 '할머니 그런 말씀 하시지 마세요'라고 말하고는 더 이상 말을 못하게 했다. 그러고서 이 할머니를 사무실에서 가끔 볼 때가 있을 뿐 말을 나눈 일이 없었다.

그런 가운데 1991년 여름 장기표는 이선실이 보자고 해서 사무실 옆 다방에서 만났을 때 자기는 아들네 집으로 가기 때문에 전세보증금 4천만 원을 쓸 곳이 없으니 진보정당 건설에 보태 쓰라고 했으나 거부했었다. 다만 그 이전 잠깐 사무실에서 이선실과 마주쳤을 때 활동비에 보태라며 봉투를 내밀어 받은 적이 있는데 100만원이었고, 그 뒤 추석 때 30만원을 받은 일이 있었다.

부부 함께 안기부 연행… 복도에서 마주 친 아내… 그 반가움

결국 장기표는 이것이 빌미가 된데다 김일성 주석 운운하는 말을 듣고도 수사기관에 고지하지 않았다는 이유로 불고지죄의 혐의를 받고 1년간 징역을 살아야만 했다. 또 이때 아내인 조무하까지도 안기부에 연행돼 구속됐다.

그러나 이 간첩 사건은 1992년 12월 18일의 제 14대 대통령선거를 앞두고 남한의 안기부와 북한의 공안기관이 합작한 조작이라는 것이 장기표의 판단이었다. 민중당의 농민위원장이었던 손병선의 경우 이선실이 접근해 포섭했다. 손병선의 딸도 마찬가지였다. 하지만 이선실은 이들에게 북한 노동당 입당원서를 써내도록 하고는 이것을 안기부가 갖고 있도록 했다.

안기부 직원들은 자신들이 조작한 각종 증거들을 짜깁기해 이들이 북한의 간첩임을 확인시키기 위해 장기표에게 말해줬다. 장기표가 볼 때는 바로 이런 사실들이 도리어 안기부가 이 간첩사건을 기획·조작했음을 확신할 수 있게 하는 증거들이었고 법정에서 이를 밝히려고 했으나 좌절됐다.

이 사건으로 인해 안기부에 연행돼 부부가 군복으로 갈아입고 지하실에서 25일간이나 갇혀 있어야 했다. 대단히 힘든 일이었다. 장기표는 이미 이런 일에 숙달되어 있어 버티기가 쉽지만, 아내는 남자들 속에서 온간 심문을 받게 돼 보통 힘들지 않을 것이 분명했다. 더욱이 경천동지하는 간첩 사건에 연루된 조사였다.

그런 가운데 안기부는 장기표 부부를 최대한 괴롭히기 위해 머리란 머리는 다 짜내고 있었다. 예를 들면, 구속적부심을 받을 때는 '특별히 죄지은 것도 없으니 구속적부심에서 석방될 것'이라고 말했다. 그래서 한껏 석방을 기대하게 해놓고서 석방되지 못하게 했다. 첫 번째 구속 만기일 10일이 되었을 때 또 검찰로 송치할 듯이 말해놓고는 구속기간을 또다시 10일간 연기해서 10일 더 안기부에 있게 했다.

장기표 부부는 이런저런 곡절을 겪고서 25일 만에 검찰로 송치됐다. 검찰청 복도에서 아내를 만났는데 죽은 사람을 만나는 것보다 더 반가웠다. 반갑다기보다 어떻게 살아남았을까 싶어 미안하고 안쓰럽기 그지없었다. 어쨌든 꼭 껴안고서 살아 있음을, 어쨌든 안기부의 그 지긋지긋한 고문을 버텨냈음을 확인하고서 안도의 한숨을 쉬었다. 장기표 부부는 검찰에 송치돼 장기표는 성동구치소에, 조무하는 서울구치소에 수감됐다.

장기표는 이 사건을 남한의 안기부와 북한의 공안기관간 합작품으로 판단했고, 6년이 지난 1998년 3월 남한의 많은 간첩사건이 이런 유형임을 확인시키는 보도가 월간지 '말'을 통해 나왔다. '남한 안기부가 남한의 선거를 앞두고 북한에 돈을 주고 총격사건을 벌이게 한 일이 있다'는 내용이었다. 그리고 그 밖에도 남한 안기부 직원과 북한 공안당국의 직원들이 중국 베이징에서 만나서 남한의 공안사건을 만들어낸다는 기사도 실렸다. 이른바 '흑금성 사건'이 폭로된 것이다.

장기표는 "이선실 간첩사건 남북한 합작인데 안기부 공작으로 부부가 구속됐네. 엄청난 시련이지만 추억으로 삼으리." " 수많은 공안사건 남북한 합작인데 그것을 모르고서 친북을 계속하네. 언제쯤 밝혀지려나 남북한의 합작품."등의 넋두리조 시조를 남기기도 했다.

지금 이 순간.

장기표는 민주화운동을 하면서 겪어야 했던 수난들을 공허하게 떠올린다.

"내가 구속될 당시에는 고문은 통과의례였다. 체포되고서 대략 이틀 동안은 고문으로 지새웠다. 그때는 그것이 상식이어서 사회문제조차 되지 않았다. 그리고 수배 생활은 구속보다 더 힘들었다. 밤에 서울 시내를 내려다보면서 그 많은 불빛 아래 내 한 몸 의탁할 곳이 없구나 싶어 외로움과 서러움에 사로잡혔던 때가 한두 번이 아니었다."

5
감갈공명의 옥중 독보(獨步) 교도운동

차라리 교도소가 '내 집'... 옥중의 외마디 "이제 살았구나"

'장기표는 감갈공명이다!'

서울구치소, 안양교도소, 마산교도소, 대구교도소, 전주교도소, 홍성교도소, 공주교도소. 재판투쟁, 재소자인권투쟁, 장기수석방투쟁... 육탄충돌, 단식, 편지, 쪽지...

"교도소가 내집이다."

'감갈공명 장기표'

20대부터 50대를 넘어서까지 30년이 넘는 세월, 장기표는 이 나라 감옥을 안방처럼 드나들었다. 전국 곳곳의 교도소를 유람하듯 전전했다.

구속은 차치하더라도, 구류 등으로 끌려 들어간 경찰서 유치장은 또 어느 정도이던가.

장기표는 그러나 자유를 박탈당한 한계상황 속에서도, 온갖 협박과 회유, 고문 속에서도, 민주화운동을 멈추지 않았다. 아니 오히려 내노라하는 운동권 인사들조차 범접할 수 없는 '교도(矯導)운동'이라는 독보적 길을 개척했다. 때로는 몸으로 부딪혔고, 때로는 스스로를 굶겼고, 때로는 손으로 역사를 남겼다.

사상범이기도 했고, 정치범이기도 했고, 죄의 이름도 가지각색으로 붙었던 장기표를 상징적으로 웅변하는 또 하나의 칭호가 감옥의 제갈공명, '감갈공명'이다. 한때 옥살이를 같이했던 민주화운동 동지가 장기표의 탁월한 옥중 투쟁, 여기에 더해 수배 중의 신출귀몰한 도피 행보 등에 감탄하면서 명명한 것이다. 교도소를 '내 집'으로 생각할 정도의 장기표이니 그런 표현이 넘치지 않다.

장기표는 언젠가 밤 늦게 서울구치소에 수감됐을 때, 덜커덩거리는 철문을 몇 개나 지나쳐 어디론가 깊숙이 들어가는 것 같아 섬뜩한 기분이 들었지만 옥안으로 들어서자 "이제야 살았구나" 싶었다.

장기표에게 교도소는 그야말로 지옥이 아니라 천국이었다. 수사기관에 오래 잡혀 협박, 고문 등을 겪다 보니 거기서 벗어나는 게 최대의 기쁨이었던 것이다.

이런 기쁨에는 장기표에게 가슴 아린 현실도 작용했다. 자유의 구속에서 오는 고통과 불편함이 있었지만, 늘 투쟁에 밀려 음식을 제대로 먹지 못했던 장기표로선 교도소에 있으면 밖에서 나돌아다닐 때보다 더 나은 음식을 먹을 수 있었으니 말이다. 셀 수 없이 교도소와 유치장 등 철창행을 당하다 보니 이 곳들이 어느새 집 안방보다 익숙해진 이유도 덧붙는다. 장기표는 "교도소는 인생대학이라 할 만큼 많은 인생교훈을 얻을 수 있는 곳이기도 했다. 무에서 유를 창조할 정도다"라고 덧붙인다.

장기표의 옥중 투쟁은 학생운동, 노동운동, 재야운동 등 민주화운동의 맥락에서 '교도운동'이란 신조어를 빚기에 충분하다. 장기표에게 특색 지어질 수 있는 교도소 안에서의 민주화운동 중 가장 큰 비중을 차지하는 것이 재판투쟁이다. 장기표는 1971년 '서울대생 내란음모 사건'의 배후조종자로 구속 기소돼 열린 재판을 앞두고 '공소 취하'를 요구하며 단식투쟁에 들어갔다. 박정희 정권이 민주화운동을 탄압하기 위해 짜 맞춰 놓은 공소장을 그대로 인정할 수는 없는 일이었다.

장기표는 당시 함께 구속된 심재권, 이신범, 조영래와 함께 첫 재판에 나가 인정심문을 끝낸 후 이 사건은 고문에 의해 조작된 것인 만큼 공소를 취하하라고 요구하며 공소를 취하할 때까지 단식을 하겠다고 선언하고 재판을 거부했다.

그리고는 교도소에 들어와 단식에 들어갔다. 온기라고는 전혀 없는 감방에서 겨울철에 단식을 하는 것은 상당히 힘든 일이었다. 일단 다음 재판이 있을 때까지 2주 동안 강행하려던 단식은 재판이 1주 연기되면서 3주 동안 계속됐다. 장기표는 이 때를 포함해 수감 중 셀 수 없을 만큼 단식을 많이 했는데, 짧을 때는 이틀도 하고 길 때는 21일도 했다.

"이 일로 죽어도 좋은가?"…"죽어도 좋다" 생명 건 단식

장기표는 단식투쟁과 관련, 인도 독립을 이끌며 '국부'로 추앙받는 마하트만 간디가 자신의 체험을 통해 권고했던 "단식 중에 죽을 수도 있기 때문에 단식으로 죽어도 좋다는 확신이 설 때 단식을 해야 한다"는 말을 '일리 있는 권고'로 새겼다. 이에 따라 1주일이 넘는 단식을 할 때는 "이 일로 죽어도 좋은가" 하고 자문해 보고 "죽어도 좋다"는 결심이 설 때 단식을 했다. 단식은 생명을 건 투쟁인데 '설마 죽기야 하겠나'라는 안이한 자세를 취해서는 안 된다는 생각이었다.

장기표의 재판투쟁은 재판 현장에서 검사, 나아가 판사를 대상으로 죄를 다투는 과정에 가장 뜨거웠다. 단식이 몸으로 하는 투쟁이었다면, 재판에서 토해내는 한마디, 한마디는 심혈을 기울인 투쟁이었던 까닭이다. 특히 장기표의 거침없는 태도와 명료한 메시지로 인해 장기표의 재판은 '민주화운동의 교육장'으로 찬탄받는 수준이었다. 이 때문에 방청하러 온 사람도 많았다. 장기표의 재판을 방청하고 10년 이상 지난 뒤에도 '선배님의 그 재판에서 많은 것을 배웠다'고 말하는 후배가 있을 정도였다.

장기표는 1986년 '5.3 인천사태'로 또 다시 안기부에 연행됐다가 검찰로 송치되자마자 조사 자체를 거부했다. 검찰조사 뿐 아니라 재판도 거부하는 초강경 대응에 나설 생각이었다. 그동안 여러 차례 재판을 받아 보았지만 군사독재정권의 폭력적 탄압을 합법화하는 절차라는 사실만 확인해서였다. 장기표의 조사 거부에 대해 담당 검사는 온갖 논리로 설득하다가 수사기록의 서명란에 이름만 쓰라고 했지만 그것마저 거부했다.

결국 장기표는 서울구치소에 구속됐는데 민주화운동으로 구속된 사람이 많은 데다 민주화에 대한 사회적 열기도 높아 구치소 안에서도 민주화투쟁이 활발했다. 장기표는 젊은 동지들이 중심이 돼 문익환을 의장으로 결성한 '민주화촉구 전국옥중투쟁연합'의 부의장으로 추대되기도 했다.

교도소측은 장기표가 이 조직을 조종한다고 보고 일반 사동과 많이 떨어져 있는 병사(환자들을 수용하는 사동)로 옮기고는 장기표 방 앞에 담당 한 명을 더 배치했다. 재소자 한 사람에게 담당 한 명을 별도로 배치하는 일은 지극히 드문 조치였다.

'옥중투쟁'과 병행 '옥외투쟁'… 비밀문건 통해 동지들 지원

장기표의 옥중투쟁 중 가장 역점을 둔 것이 교도소 담장 너머, 바깥의 민주화운동과의 연계다. 비록 옥에 갇혀 있었지만 수시로 비밀문건을 작성해 옥 밖의 민주세력에 전하는 투쟁도 병행한 것이다. 특히 5.3 인천사태로 홍성교도소에 수감 중이던 1987년 장기표의 옥안팎 연계 투쟁이 집중 펼쳐졌다.

이 해 벽두인 1월 14일 군사독재정권의 야만성으로 인한 '박종철 고문치사 사건'이 발생했다. 이 사건은 전두환 군사독재정권 붕괴의 도화선이 될 것이 분명해 보였고 결과적으로 이 해 6월 민주항쟁이 터져 나왔다. 장기표는 옥중에 있긴 했지만 이런 상황을 알고 성격적으로나, 민주화투쟁 전략에 대한 자부심으로나 그냥 지켜볼 수 없었다.

장기표는 이 해 5월 말 〈6.10 국민대회의 지속성을 위해〉라는 문건에서 6월 10일 국민대회를 마친 후 곧바로 당시 민주헌법쟁취 국민운동본부 사무실이 있던 종로 5가 기독교회관 2층에서 농성을 할 것을 제안했다. 투쟁의 구심이 있어야 투쟁이 지속될 수 있어서였다. 비록 농성 장소가 기독교회관 2층이 아니라 명동성당이었지만 장기표는 그 농성이 투쟁의 구심 역할을 함으로써 '6.10 국민대회'를 '6월 민주항쟁'이 되게 하는 데 기여한 것 같아 옥중에서나마 보람을 느꼈다.

장기표는 1987년 대선에서 민주화세력이 실패한 직후에도 하루도 쉬지 않은 채 비밀문건을 작성해 내보냈지만 특히 노태우정권이 출범한 바로 다음 날인 1988년 2월 26일 〈정권내 갈등과 향후 전망〉이란 비밀문건을 내보내 투쟁을 독려했다.

이어 〈4.26총선 이후의 투쟁방향〉 〈광주·5공투쟁이 중요하다〉등의 비밀문건을 연쇄적으로 내보내 광주학살과 5공비리의 책임자처벌을 요구하는 투쟁을 전개함으로써 노태우 정권을 약화시킬 뿐만 아니라 실질적인 민주화를 달성해가야 한다는 전술·전략 등도 전했다.

장기표가 교도소 수감 중 바깥의 민주화투쟁을 돕기 위한 비밀문건들을 써 보내는 일은 보통 어려운 일이 아니었다. 교도당국이 가장 경계하는 일이 문건을 몰래 작성해 밖으로 내보내는 일이었고, 시국사범에 대해서는 이를 봉쇄하기 위한 감시가 강도 높았다. 대개의 경우 교도관을 통해야 문건을 밖으로 내보낼 수 있었기에 장기표는 홍성교도소에서도 당연히 교도관 한 명을 포섭할 생각을 했다. 그런데 홍성교도소는 지방 교도소인데다 서울에서 멀리 떨어져 있어 그런 일을 할 만한 교도관을 찾기가 쉽지 않았다.

다행히 홍성교도소에서는 시국사범의 수가 3 ~ 4명에 불과하고 교도소당국과의 관계도 원만한 때문이었는지 시국사범들에게 특별접견을 허락하고 있었다. 그래서 장기표는 교도관을 통하지 않고 특별접견을 통해 문건을 내보낼 생각을 했다. 그렇지만 특별접견을 하더라도 교도관이 밀착해서 감시할 경우 문서를 전달할 수가 없었다.

'특별접견 거부' 작전… '마누라 손 한번 잡아 본들…'

장기표의 '감갈공명'다운 작전이 번뜩였다. 교도당국이 특별접견을 허락하는데도 일단 그것을 사양했다. 교도관들이 그 이유를 묻기에 '마누라 손 한번 잡아 본다고 무슨 득이 있나. 일반재소자들 보기에 미안하기나 할 뿐이지'라고 답했다. 그러고서 일반접견을 두어 번 했는데, 같이 수감돼 있던 민주화운동 후배들이 무척 불편해했다. 자기들만 특별접견을 하기가 미안해서 장기표에게 특별접견을 권하면서 교도소 당국에도 장기표 특별접견을 요청했다.

특별접견을 권하는 말이 여기저기서 들려도 장기표는 시치미를 떼고 일반접견을 고집했다. 교도당국으로 하여금 특별접견을 시켜도 부정물품을 주고받는 일은 없을 것임을 인식시키기 위한 노림수였다. 그러다 마지못해 특별접견에 응하는 척하면서 특별접견을 하게 됐다.

특별접견을 오는 아내에게 문건을 전하는 과정도 치밀해야 했다. 특별접견의 경우 보통 접견 온 가족과 나란히 앉았으나 장기표는 일부러 책상을 사이에 두고 앉았다. 나란히 앉으면 접견을 하면서 부정물품을 주거나 받을 것으로 의심될 수 있었기 때문이었다. 장기표는 책상을 사이에 두고 접견을 하면서도 차를 따라주는 종이컵에 문건을 넣어 전했다. 즉 종이컵으로 차를 따라주면 그것을 마시고는 그 속에

문건을 넣어 전했던 거다. 교도관이 옆에 있었지만 전혀 눈치채지 못했다.

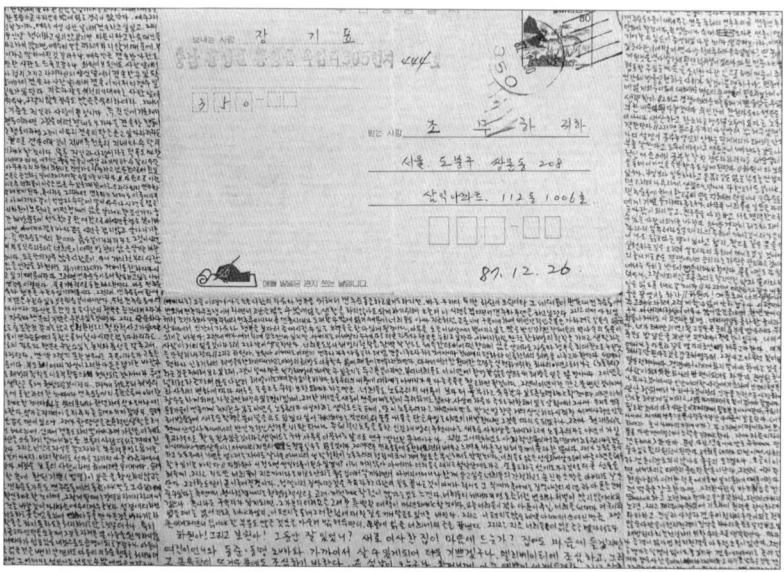

장기표는 수감 중에도 교도관들의 감시망을 피해 옥 밖의 민주화투쟁을 지원하기 위해 수없이 많은 비밀서신의 쪽지들을 내보냈다. 단 한 글자라도 더 담기 위해 깨알같이 빽빽하게 글을 적은 치열함이 생생하다. 홍성교도소에 수감 돼 있을 때 아내 조무하를 통해 밖의 민주세력에 내보낸 편지.

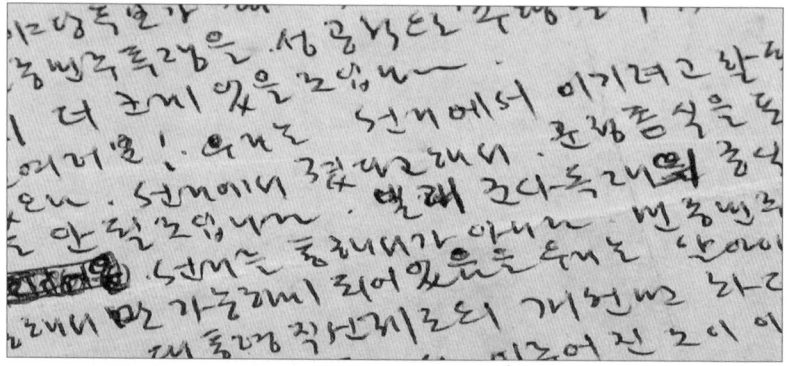

장기표가 옥중에서 밖으로 내보낸 비밀서신은 글을 확대해야 가까스로 볼 수 있을 정도로 깨알 같다. 사진은 쪽지 중 한 가지를 확대한 것으로 민중민주투쟁, 군정종식 등의 단어가 담겨 있다.

문건을 작성하려면 볼펜과 종이가 있어야 했다. 종이는 아내가 보낸 편지지를 이용하면 됐지만 볼펜이 문제였다. 교도소에서 가장 엄격하게 통제하는 물품이 볼펜이었지만, 장기표는 서울구치소에 있을 때부터 항상 볼펜을 소지하고 있었다. 평소 '전술상' 사귀어둔 교도관 등을 통해 볼펜 심을 구해서는 그것을 양장본으로 된 헌법책의 표지에 길게 구멍을 파서 거기에 감춰 두었다가 필요하면 꺼내 썼다. 이감을 갈 때도 그런 식으로 가져갔다.

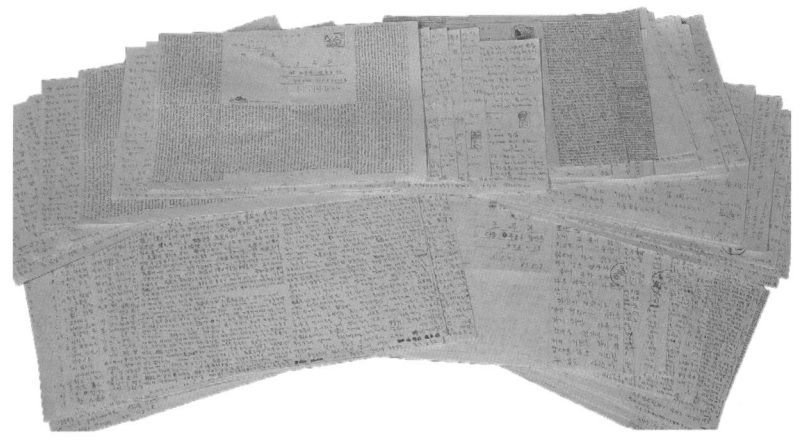

옥중에서 밖의 민주화투쟁을 지원하기 위해 작성한 장기표의 쪽지 글들을 일부나마 한데 모아 찍은 모습.

6월 민주항쟁 전후처럼 긴박하게 돌아가는 상황에서 밖에서 투쟁하는 동지들에게 도움이 될 만한 글을 써 보내기 위해선 바깥 정세를 정확히 알고 있어야 했다. 장기표는 교도관들이나 접견 온 사람들로부터 바깥 정세를 전해 들었지만 그것만으로는 크게 부족했다. 신문을 직접 봐야 했다. 장기표는 재소자의 교육과 복지를 관장하는 교무과의 모 부장이 자신에게 호의적이어서 교무과에 가서 신문을 볼 수 있었다.

장기표는 비밀리에 문건을 밖으로 전달하는 행위에 대해 불현듯 자문하기도 했다. '설사 민주화라는 대의를 위해서라도 이처럼 철저하게 근무자들을 속이고 불법을 행해도 되는 걸까? 목적이 정당하면 수단이 불법이어도 상관없을까? 심지어 나를 믿고 감시를 소홀히 한 근무자들로서는 배신감을 느낄 일이었는데, 그래도 될까?' 등등.

장기표는 그러나 군사독재정권이 민주화를 저지하기 위해 온갖 불법을 자행하는 상황을 직시하며 논어의 '대덕불유한, 소덕출입하야(大德不踰閑 小德出入可也)', 곧 '큰일을 위해서라면 작은 일은 도리에 어긋날 수 있다' 말로 위안을 삼았다.

이감? 계속되는 투쟁! 사동에 홀로 갇히고 전담 교도관까지 배치

장기표의 옥중투쟁은 홍성교도소에 수감된 지 1년쯤 지난 시점에 이감된 공주교도소에서도 계속됐다. 국경일 같은 때 정치범의 대대적인 석방이 있고 나면 미석방 정치범들은 대체로 이감을 갔다. 1988년 2월 25일 노태우의 대통령 취임 특사 때 석방에서 제외된 장기표로선 이감이 예정된 수순이었다.

공주교도소는 장기표가 도착한 첫날, 겉보기에도 엄중했다. 전과 3범 이상이거나 사회적 물의를 크게 일으킨 중범들을 구금하는 중구금교도소라 분위기가 사뭇 달랐다. 장기표의 방은 미출역수들이 있는 5사의 입구에 있었다. 식사 후 겨우 소지품을 정리하고 나니 보안과장과 소장이 불렀다. 불편한 점이 있으면 말하라며 최대한 도와주겠다고 말했다. 말은 점잖았지만 말썽을 부리면 안 된다는 경고의 뜻도 담겨 있었다.

장기표는 이 곳에 온지 보름도 안 돼 교도당국과 한판 붙게 됐다. 장기표가 있는 사동의 고시준비반 윤모 군이 장기표를 무척 좋아했다. 어느 날 윤 군이 운동을 하러 나가며 스웨터 털로 짠 덧버선을 하나 던져 줬다. 교도소에서 종종 주고받는 선물이었다.

그 일로 윤 군이 보안과에 불려가 야단을 맞았다고 했다. 그로부터 일주일쯤 지난 날 새벽에 윤 군이 장기표 방 앞에 와서 이감을 간다고 했다. 장기표와 친하다고 이감을 보내는 게 분명했다. 장기표는 즉각 교도소측에 덧버선 하나 줬다고 이감을 보내는 건 지나친 보복이 아니냐며 이감 취소를 요구했다.

이어 싸움의 방향을 청원서 집필로 돌렸다. 교도당국이 가장 싫어하는 게 청원서 집필이었다. 청원서의 초점은 이감을 하루 전에 통보하라는 것이었다. 보통 새벽 5시경에 이감간다는 걸 알려주고 6시경에 사방에서 나오게 해 이감 수속을 밟는데, 이것은 비인간적이란 게 장기표 주장이었다. 재소자도 사람이고, 교도소를 내 집처럼 생각하고 사는데, 새벽에 느닷없이 이감 가게 하는 건 재소자를 사람으로 인식하지 않음을 의미했다.

장기표는 이런 이유를 내세워 법무부 장관에게 청원서를 쓰겠으니 집필을 허가하라고 요구했다. 장기표가 하도 강하게 나오니까 소장이 불렀다. 청원서 집필이 어렵다는 걸 잘 알지 않느냐며 공주교도소에서는 이감 전날 밤 본인에게 통보토록 하겠으니 양해하라는 거였다. 청원서 집필 허가를 받아내려면 엄청난 투쟁을 해야 하는데, 이 건으로 그렇게 할 일은 아니다 싶어 소장의 말을 받아들였다. 그러나 이번 사건은 장기표와 교도당국간 충돌의 몸풀기에 불과했다.

장기표는 자신과 친하다는 이유로 이감을 보낸 데 항의한 사건이 있고나서 3사로 전방을 가게 됐다. 3사는 출역수 사동이어서 낮에는 비어 있었다. 비어 있는 사동에 장기표 한 명을 수용하면서 교도관 한 명을 배치했다. 대단히 이례적인 일이었다. 일반 재소자와의 접촉을 차단하기 위한 조치였던 것이다. 장기표에게 공주교도소에서의 1988년은 마음 편히 지낼 수 있는 상황이 아니었다.

'교도소도 사람 사는 곳이다'… '재소자인권투쟁'으로 지새우다

1987년 6월 민주항쟁의 승리로 정치범 석방을 약속한 '6.29 항복선언'이 있었고, 또 그에 따라 많은 정치범이 석방됐는데도 장기표는 계속 수감돼 있으니 고통이 가중됐다. 장기표는 그럴수록 마음을 다잡았다. 전화위복을 삶의 좌우명으로 삼아온 장기표는 석방되지 못한 것을 오히려 보람 있는 일을 하는 기회로 삼고자 했다. 그래서 한편으로는 그동안 해온 대로 바깥의 민주화투쟁을 독려하는 일을 하고, 다른 한편으로는 '재소자인권투쟁'을 본격 전개하기로 했다.

재소자 권익을 보장하기 위한 이 투쟁 또한 장기표의 돋보이는 옥중투쟁이다. 장기표는 1971년 첫 구속됐을 때 재소자들이 겪는 여러 참상들을 보면서 "저래서야 될까" 하는 생각에 빠져들었다. 이에 따라 '교도소도 사람이 사는 곳이다'라는 기치를 내걸고 교도소 당국과 숱하게 부딪혔다. "죄를 지었더라도 자유의 제한, 곧 자유형으로 족해야지, 자유의 제한 이외에 비인간적인 생활이 강요돼서는 안 된다"는 자유의 원칙이 밑거름이었다.

장기표가 체험한 교도소의 현실은 교정당국이 내세우는 '교정·교화'는 그야말로 말뿐이고 '도둑놈 양성소'가 돼 있었다. 무식으로 범죄를 저지르는 경우도 많은데, 무식을 면하는 데 필요한 신문 구독과 필기도구 사용이 금지되는 등 재소자들의 인권을 뒷받침하는 체계도, 수단도 갖추지 않았다.

'민청학련 사건'으로 1977년 2월 구속돼 1979년 '10.26 사태' 이후 이 해 12월 석방될 때까지 장기표의 3년 가까운 수감기간은 재소자인권투쟁으로 지새운 나날이었다. 장기표는 이때 재소자 처우개선과 교정행정의 일대 쇄신을 위해 투쟁할 것을 결심했다. 이에 따라 2심 재판에 불복해 상고이유서를 쓸 때 재판과 관련해서는 조금만 쓰고 재소자인권문제를 집중적으로 다뤘다.

마침 교도소 안의 분위기도 재소자인권문제가 일상적으로 제기되는 분위기였다. 유신체제 말기라 시국사범이 원체 많아 매일같이 교도소 당국의 부당한 처우에 항의하는 일이 일어났다. 이런 분위기는 결국 1978년 3월 서울구치소를 발칵 뒤집어놓은 대규모 투쟁으로 발전했다.

당시 장기표가 수감됐던 12사 상이 투쟁의 본거지였다. 장기표는 같은 방에 수감된 박석운, 이범영, 성종대 등 민주화운동 동지들과 함께 재소자 처우개선을 위한 대규모 투쟁을 전개하기로 결정하고 계기를 찾았다. 접견, 운동, 목욕 등의 부분도 문제이긴 했지만 큰 파장을 불러일으키지 않을 것 같아 교도소 당국의 부정에 초점을 맞췄다.

부식을 정량대로 내놓지 않는 문제를 첫 타깃으로 삼았다. 두부가 배식 된 날 후배 한 명이 두부의 양이 정량에 미치지 못한 것을 집어내 배식된 두부를 가지고 보안과에 갔다. 저울에 달아보니 정량의 반 정도밖에 안 됐다.

후배가 사방으로 돌아와 재소자들에게 두부가 정량의 반밖에 안 된다는 사실을 큰 소리로 공표한 것을 신호로 '반쪽 두부 돌려주고 온쪽 두부 찾아먹자'는 구호와 동시에 투쟁이 점화됐다. 교도소에서 구호를 크게 외치는 것을 '샤우팅'이라 하는데, 이번 샤우팅에는 일반 재소자들까지 참여해 서울구치소가 떠나갈 듯했다.

직원들이 대거 12사 상으로 몰려와 샤우팅을 주도한 시국사범들을 끌어내기 시작해 완전히 난장판이 됐다. 결국 교도소측은 시국사범들을 전원 끌어내 9사 상에 몰아넣고는 계구로 온몸을 꽁꽁 묶고는 방성구까지 채웠다. 밤이 돼서야 계구를 풀어줬다.

9사 상으로 끌려온 장기표 등 시국사범들은 다음날 새벽 전국 교도소로 이감 조치 됐다. 그러나 이 투쟁은 상당한 성과를 거둔 것이 분명했다. 나중에 들으니 법무부에서 서울구치소에 감사를 나와 용도과장을 비롯한 몇 명은 중징계를 받고 서울구치소장도 경고조치를 받았다고 했다.

장기표 등의 이 투쟁은 재소자의 처우 개선이라는 결실을 거두기도 했지만 그것보다는 재소자인권문제를 전면적으로 제기했다는 데 더 큰 의미가 있었다. 이에 따라 앞으로 전국 교도소에서 재소자인권문제가 지속적으로 제기될 것을 예고했다. 투쟁의 주체였던 시국사범 30여명은 전국 교도소로 흩어졌고, 장기표는 마산교도소로 이감됐다.

그러나 장기표는 마산교도소에 있는 동안 일반 재소자를 선동했다는 몇 차례의 경고를 받은 후 다시 대구교도소로 이감돼 남파간첩을 비롯한 공안사범만을 수용하는 특사에 갇혔다. 하지만 장기표가 합류되자마자 대구교도소에서는 재소자 처우개선을 요구하는 단식투쟁이 전개됐다. 강기종, 최열, 김용석, 정화영, 서승 등과 함께 장기표의 재소자권익투쟁은 16일간의 단식으로 이어졌다.

일반 재소자들을 '동지'화, 극대화한 권익보장투쟁의 파괴력

재소자의 권익보장 문제는 여러 차례의 투쟁으로 일부 개선된 점이 있으나 시사물 열독과 집필 도구 소지와 같은 근본적인 문제가 해결되지 않고 있었다. 이에따라 장기표는 1986년 '5.3 인천사태'로 수감 중 재소자인권투쟁의 파괴력을 최대한 끌어올리기 위해 일반 재소자들을 동지화 하는데 주력했다.

일반 재소자들이 이런 투쟁에 참여하기는 대단히 어려웠지만 부분적으로라도 동참케 할 필요가 있었다. 일반 재소자를 위한 투쟁인데 이들이 구경만 하는 것은 옳지 않거니와 이들의 자존심이 상할 수도 있었다. 그래서 일반 재소자들이 투쟁에 참여하기 쉽도록 토요일부터 월요일까지 3일간만 단식투쟁을 하기로 했다.

사전 준비를 치밀하게 했다. 우선 재소자의 권익보장 투쟁을 전개하려 한다는 것을 비밀문건에 자세히 써서 아내에게 알렸다. 투쟁하다 보면 사고가 날 수도 있는 데다 밖에서 지원할 일도 있어서였다. 또 일반 재소자들이 투쟁에 동참키 위해서는 사전에 재소자의 권익보장을 위한 단식투쟁이 있음을 알고 있어야 했고, 특히 현재의 행형제도가 왜 잘못돼 있고 어떤 방향으로 개선돼야 하는지를 알고 있어야 했다.

그래서 단식투쟁이 있기 3일 전부터 샤우팅을 하기로 했다. 시사물 열독과 집필 도구 사용의 당위성, 삭발의 반인간성과 가정파괴성, 접견과 서신 제한의 반교정·교화성 등을 설명하면서 시사물 열독, 집필 도구 소지, 삭발 금지, 월 4회의 접견과 서신 등 단식투쟁의 목적을 알렸다. 재소자들이 간절히 바라는 내용이었다.

이렇게 해서 한국 행형사에 기록될 만한 재소자권익보장 투쟁이 전개됐다. 마침내 1988년 9월 초 일반 재소자들도 참여하는 '재소자 권익보장 촉구 단식투쟁'이 시작됐다. 단식 첫 날인 토요일 저녁식사 때는 단식에 동참한 재소자가 약 3분의 1이었다가 일요일 아침식사 때는 약 3분의 2가 동참했다. 점심 때와 저녁식사 때는 교도관들이 대거 배치돼 감시하는 바람에 단식 동참자가 대폭 줄었다. 그렇지만 재소자들이 재소자 권익보장 투쟁에 어떤 형태로든 참여한 건 대단히 뜻깊은 일이었다.

사실 정치범이라 하더라도 이런 투쟁을 주도하긴 어려운 것이다. 교도소에서 용납하지도 않거니와 재소자들이 동참하지도 않는다. 이런 투쟁이 성과를 거둔 것은 장기표가 다른 교도소에서도 대체로 그랬지만 특히 공주교도소에서 확고한 지위를 점하고 있었던 것이 유효했다. 재소자가 한 명도 없는 사동에 혼자 큰 방을 차지하고 있은 데다 국회의원을 비롯 유명 인사들이 자주 접견을 와 특출한 사람으로 인식되기에 충분했다.

공주교도소의 재소자 권익보장 촉구 단식투쟁은 대단히 성공적이었다. 요구사항이 곧바로 관철된 건 아니지만 그 후 재소자 처우개선에 크게 기여했다. 1990년부터 부분적으로 재소자 처우개선이 이뤄지다가 1995년에는 삭발, 신문구독, 집필도구, 서신, 접견 등에서 혁명적 개선이 이뤄졌고, 텔레비전도 시청할 수 있게 됐다.

재소자간 '정의', 교도관의 '권익보장'에도 눈 돌려

장기표는 수감 중 '재소자간 정의'에 대해서도 관심을 가졌다. 서울구치소에 있을 때는 말할 것도 없고 마산교도소, 홍성교도소 등에 있을 때도 건달들이 다른 재소자를 폭행하는 행위에 대해선 용납하지 않았다. 홍성교도소에서는 건달패거리의 행동대장이라는 자가 다른 재소자를 폭행한 일이 발생하자 그가 무릎을 꿇고 용서를 빌 정도로 크게 혼 낸 적도 있다. 이 역시 큰 틀에서 민주화운동의 일환이었다.

장기표는 또 재소자뿐 아니라 '교도관 권익보장'에까지 눈길을 돌렸다. 교도관의 처우가 개선되지 않는 한 재소자의 처우도 개선될 수 없다는 견지였다. 교도관과 재소자는 기본적으로 관계가 좋지 않다. 한쪽은 감시하는 위치에 있고 다른 한쪽은 감시 받는 위치에 있어서다. 더욱이 시국사범의 경우 민주화 투쟁 등의 문제로 교도관과 다투는 일이 많아 관계가 좋기 어려웠다. 가는 곳마다 교도소 당국이 특별 관리할 정도로 많은 문제를 야기한 장기표의 경우는 더 말할 게 없었다.

하지만 장기표와 교도관과의 관계는 상당히 좋았다. 교도관의 도움으로 몰래 글을 써서 밖으로 내보내 책을 출간한 일이 있는가 하면, 피신할 때 전직 교도관의 집에서 지낸 일도 있었다. 소장이나 과장 등 간부들은 귀찮아했지만 사방에서 근무하는 일선 교도관들은 장기표에게 대단히 호의적이었다. 장기표의 인간성이나 열정 때문이기도 했겠지만 재소자의 처우개선을 요구할 때 교도관의 처우개선도 함께 제기하는 행동이 빚어낸 결과다.

1988년 12월 21일, 소위 시국사범에 해당하는 정치범이 전원 석방되면서 장기표도 자유의 몸이 됐으나 '장기수석방투쟁'이 기다리고 있었다. 이 투쟁은 옥 밖에서 해야 하는 것이었지만 옥중투쟁의 연장선상의 성격을 띠었다. 석방 당일 장기표를 비롯해 함께 석방된 민주화운동 동지들이 한자리에 모여 회의를 했다. 부산미문화원사건의 문부식, 남민전의 차성환, 김종삼, 박석삼, 제헌의회의 김성식, 반제동맹의 이민영, 서노련의 이옥순, 서울대 총학생회장이었던 박홍순 등 다들 탁월한 인재들이었다.

장기수 석방이 집중 논의된 이 회의에서 다들 장기표에게 구상을 말해보라고 했다. 장기표는 12월 22일에는 장기수의 현황 파악과 투쟁 준비를 하고, 23일에는 전국 교도소로 장기수 접견을 가며, 24일에는 법무부에 가서 정치범 전원 석방 촉구대회를 하자는 요지로 구상을 밝혔다. 다들 찬성했다. 이것은 12.21 석방이 정치범의 전원 석방이 아님을 밝히면서 전원 석방을 촉구하며 남은 정치범들의 사기를 북돋기 위한 목적이었다.

장기표는 12월 23일 12.21 정치범 석방자 50여명과 함께 서울구치소로 접견장 앞에서 자신들이 접견 온 사실을 장기수들이 알 수 있도록 함성을 지르면서 정치범의 전원 석방을 촉구했다. 이어 다음날인 12월 24일에는 과천에 있는 법무부로 가서 정치범의 전원 석방을 촉구하는 집회를 열었다.

날씨가 춥고 눈이 오는데도 12.21 석방자들은 물론이고 이미 석방된 사람들과 민가협, 유가협 어머니, 아버지들까지 200명 넘게 참여했다. 이 집회로 주요 참석자들이 경기도 일원의 경찰서로 분산 연행됐다. 장기표는 10여명과 함께 경기도 광명경찰서로 연행됐다가 다음날 오후 석방됐다.

그런데 안양경찰서로 연행된 차성환, 이옥순, 이민영 등 세 사람이 공무집행방해 혐의로 구속되는 사태가 발생했다. 석방 투쟁에 대한 보복이자 앞으로의 투쟁에 대한 위협이었다. 안양경찰서로 가서 항의한 데 이어 다음날 법무부 앞에서 항의집회를 열었다. 본래 4, 5일 정도 하고 끝내려던 농성이었지만 새로 구속된 사람들이 있어 끝낼 수가 없었다.

장기표는 구속된 동지들의 석방을 위해 백방으로 뛰었다. 이런저런 노력으로 다음 해인 1989년 1월 4일경 세 사람 모두 석방됐다. 구속된 지 열흘만이었다. 장기수 석방의 당위성을 상당 정도 선전하긴 했으나 장기표는 세 사람의 구속에 따른 노심초사로 10년은 감수한 것 같았다.

옥중에서 어머니를 잃다… 그래도 기쁨 떠올리는 역설적 여유

장기표는 옥중에 있는 동안 평생 잊을 수 없는 아픔을 겪었다. 1978년 대구교도소에 수감 중 어머니가 돌아가신 일이다. 음력으로 이 해 4월 9일 교무과장이 불러 갔더니 어머니가 돌아가셨다고 통보했다. 몇 마디 위로의 말을 한 것 같으나 귀에 들릴 리 만무했다. 방으로 돌아 온 장기표는 하늘이 무너지는 듯했다.

무엇보다 더 살고 싶지가 않았다. 출세를 한들, 이름을 날려본들 자랑할 곳이 없으니 모든 삶이 의미가 없어졌다. 비록 민주화운동의 동기가 부모형제의 고난에 찬 삶에서 비롯됐다 하더라도 부모형제를 걱정시키는 일이나 해왔는데, 마치 어머니를 위해 살아온 듯이 어머니가 죽고 없으면 더 살 필요가 없을 것처럼 느껴졌다.

어머니를 너무 고생시킨 것도 괴로웠지만 효도될 만한 일을 한 가지도 하지 못한 것이 장기표의 가슴을 미어지게 했다. 무엇보다 1977년 12월 21일 그 매섭도록 추운 날, 여든 두살의 나이에 죽기 전 막내아들 얼굴이나 한번 보겠다고 예순이 넘은 두 분 형수와 함께 서울구치소로 면회를 와서 고생했을 일을 생각하면 그리움이 사무쳤다. 연세가 들면 소변도 자주 보는데 그 먼 길을 어떻게 다녀갔을까 싶었다.

지금 이 순간.

장기표는 10년 가까운 세월, 옥중에서 투쟁의 칼날을 여러 형태로 곤추세웠지만, 슬픔보다 기쁨의 기억을 우선 떠올리는 역설적 여유를 보인다.

"수감 돼 있는 동안 많은 양의 비밀문건을 밖으로 써 보내 민주화 운동에 작은 보탬이라도 준 것은 의미 있는 일이었다. 이와 함께 교훈과 기쁨을 얻은 일도 대단히 많았다. 특히 충남의 홍성교도소에 있는 동안 운동을 참 신나게 했다. 산 밑에 있어 공기가 좋은 데다 운동장이 넓어 속이 확 트였다. 20여분 동안 운동장을 열 바퀴쯤 돌고 30분 정도 테니스를 했다.

운동하는 재미도 컸지만 운동 후 목욕할 때의 기분은 날아갈 것만 같았다. 더운 물이 제공됐으나 사양하고 지하수로 목욕했다. 여름철엔 시원하고 겨울철엔 따뜻한 물이 솟구쳐 올라 그 어떤 호화 목욕탕보다 나았다.

홍성교도소는 직원들이 순박한데다 염창근 소장도 재소자들을 잘 보살펴줘서 재소자들이 많은 혜택을 누렸다. 홍성교도소에서만 가능했던 특혜인 '재소자와 가족 합동 체육대회'로 맑은 가을 하늘 아래 재소자와 가족이 온 몸으로 껴안으며 함께 달리고 함께 식사할 수 있었으니, 정말 고마운 일이었다."

6
정치문화재의 오뚜기 도전(挑戰) 정치적 여정

기득권 정치세력에 맞선 '패배'의 반복... 계속된 모험

'장기표는 정치문화재다!'

민중당 1패...2패... 3패... 4패... 5패... 6패...7패. 도합 7전 7패. 30년 가까운 세월, 국회의원 선거에서 판판이 패한 기이한 정치 여정. 그래도 무소의 뿔처럼 거침없이 정치의 길을 나서는 그 걸음.

"죽을 때까지 정치한다."

'정치문화재 장기표'

장기표가 스스로 자신에 대해 유일하게 붙인 칭호가 정치문화재다. 정치에 대한 결기의 표현이다. 장기표는 제도정치권 진입을 위한 도전을 7번 해서 전패했다. 독자정당을 통해 5전 5패, 기존 정당의 옷을 입고 2전 2패다. 1992년 첫 도전을 했으니, 강산이 세 번 바뀔 만큼 긴 세월의 상처다. 장기표는 그러나 여전히 오뚝이처럼 다시 일어나고, 또 일어나며 '정치의 길'을 걷는다. '세상을 바꿔야 한다'는 소년 시절 품었던 꿈을 이뤄야 하기에.

장기표의 이 같은 패배의 기록은 사실 본인 스스로 패배 전에 익히 알고 자초한 결과다. 재야민주세력의 독자 정당화를 깃발로 보수와 진보라는 겉치레 옷 내지는 영남과 호남이라는 망국적 지역감정을 무기로 이 나라 정치를 양분해 온 기득권 정치세력에 '감히' 맞선 무모한 모험이었던 까닭이다.

그러나 다들 금권정치, 지역당구도, 패거리정치에 대한 비난과 함께 이를 극복할 새로운 정당이 나와야 한다고 주장하면서도 행동으로는 옮기지 못하는 이 나라 정치현실에서 새 정당의 깃발을 끊임없이 든 것만으로도 그 용기는 높이 평가될 수밖에 없다.

장기표는 그동안 한 생각만 바꿨어도 국회의원이든, 장관이든, 이미 제도 정치권에서 권력의 자리를 차지할 수 있었다. 일찍이 1990년대 초반, 아니 그 이전부터 장차 대통령직을 거머쥔 김대중, 김영삼의 정치적 구애가 이어져서다. 하지만 장기표는 이들 '양김'을 위시해 제도정치권에 앞서 진입한 민주화운동 동지들의 합류 손길도 모두 뿌리친 채 재야민주세력의 독자 정당화를 향한 결기를 잃지 않았다. 그 길만이 세상을 바꿀 수 있는 유일한 선택이라고 봤기 때문이다.

'편한 길' 마다하고 '어려운 길' 선택하는 행보의 연속

장기표는 재야민주화세력의 첫 합법정당으로 건설한 민중당 창당 2년 뒤 14대 총선에 출마(서울 동작갑)한 것을 시작으로 통합민주당, 민주국민당, 녹색사민당, 정통민주당 등 독자적 군소 야당 후보로 5차례 총선에 나섰지만 성공을 거두지 못했다.

또 지난 기간 장기표가 기득 제도권 정당의 옷을 입고 2차례 국회의원 선거에 출마하기는 했다. 그러나 이런 선택은 장기표가 자신의 뜻을 접은 것으로 등식화하는 것은 적절치 않다. 더욱이 '편한 길'을 마다하고 '어려운 길'을 애써 걸어 온 장기표의 행보가 변색 된 것도 아니다.

2020년 '4.15 총선'을 앞둔 2월 사회단체 대표 자격으로 '미래통합당 창당준비위'에 참여한 후 공천을 받아 출마한 경남 김해을 선거구는 자신의 고향이기도 했지만 노무현 전 대통령의 고향이기도 한 여당 텃밭으로 장기표로선 당선되면 '기적'이라 할 만큼 결코 쉽지 않은 '험지'였다. 중학교 졸업 직후 떠난 후 고향에서 별다른 활동을 한 적도 없는데다, 선거를 코앞에 두고 느닷없이 출마를 하게 된 것도 승리가 어려울 수 밖에 없는 요소였다.

특히 장기표가 제 1야당의 옷을 선택한 근본 이유도 문재인 정권의 연장을 저지해야 한다는 시대적 절박감에다, 평생 품어 온 정치적 꿈을 이룰 실질적 정치 기반을 구축해야겠다는 뜻이었지, 단순히 국회의원이 돼야겠다는 '편안함'에 매인 것이 아니었다.

"계속 내 정당을 하며 정치의 길을 걸어왔는데, 지난 총선 때 기존 정당인 미래통합당 공천을 받은 것은 문재인 정권을 끝장내려면 범야권을 통합해야겠다는 판단도 작용했지만, 현실적으로 나의 정치적 뜻을 펼치려면 일단 제도 정치권에 진입해야겠다는 실리적 판단도 더한 것이다.

장기표가 민중당 정책의 의장으로 진보정치 활동에 본격 나서던 1992년, 민족민주 열사·희생자 범국민대회 집행위원장으로 연설하고 있다.

내가 나이도 있고 하니까 솔직히 지난 총선 때 비례대표 자리 하나 주면 못 이기는 척 받아야겠다 싶었다. 그래서 공천신청도 안 했는데, 비례대표 하려면 당적을 비례 위성정당인 미래한국당으로 바꿔야 했다. 내가 미래통합당을 만든 주역 중 하나로, 비례대표 정당을 '꼼수 정당'이라고 비판했었는데, 어떻게 그렇게 하나. 할 수 없이 지역구로 출마한 거다.

당시 김형오 공천관리위원장이 '장 대표 고향이 김해이니, 김해에 출마해주세요' 하기에 일언지하에 거절했다. 험지라서 그렇다기보다 고향이라서다. 중학교 졸업한 이후에 고향을 위해 한 일도 없는데 출마한다고 얼굴 비추기가 너무 부끄럽더라. 정말로 안 가려고 했는데 몇 번 설득 끝에 결국 이것도 운명 아니겠나 싶어서 나갔다."

진보정치운동에 매진 중이던 2001년, 장기표가 1971년 학생운동권의 모임인 '71동지회'의 30주년 기념 심포지엄에서 강연하고 있다.

이에 앞서 장기표는 2002년 8월 서울 영등포 을 국회의원 보궐선거에서 여당인 민주당 후보로 나서기도 했는데 김대중 정부의 실정에다 이 해 12월 대선 후보였던 노무현의 지지율마저 바닥이어서 야당인 한나라당의 압승이 예견됐던 선거였다. 이 도전 역시 장기표로선 험난한 모험이었던 것이다.

그런데도 장기표가 민주당의 옷을 입었던 것은 노무현의 지지율 하락에 따른 대선 후보 교체 분위기가 형성되면서, 영등포 을 선거에서 승리하면 노무현 대신 대선 후보로 나서 집권할 수 있다는 주변의 권고에서 비롯됐다. 장기표로선 재야민주세력의 독자 집권이 난망한 현실에서 자신이 대통령이 될 수 있는 길이 있다면, 그것은 전혀 마다할 일이 아니었다.

계훈제 기념사업회 회장인 장기표가 2007년, 민주화운동의 원로 계훈제 선생의 8주기 추도식에서 추도사를 하고 있다.

민중당 건설... 재야운동권의 새 방향 제시

장기표가 재야민주세력의 합법적인 정당 건설을 통한 진보정치의 여정을 시작한 시기는 1980년대 후반이다. 당시 5.3 인천사태로 수감 중이던 장기표는 석방되는대로 재야운동권세력을 결집한 정당을 건설하겠다는 구상을 다듬었다.

우선 양김을 중심으로 한 야당세력으로는 민주화를 이룰 수 없을 것 같았기 때문이다. 1987년 대선 전에는 후보단일화의 필요성에서 김대중이나 김영삼 가운데 어느 한 사람이 없어졌으면 좋겠다는 말이 유행했고, 선거 후에는 두 사람 모두 없어졌으면 좋겠다는 말이 유행했다.

이 말은 양김에게 더 이상 기대할 것이 없는 건 물론 양김이 있어서는 민주화가 안 되리라는 걸 의미했다. 그래서 이제 양김을 대체할 새로운 정치세력이 나와야만 했고, 그러기 위해서는 재야민주세력이 정당을 건설해야 한다고 장기표는 봤다. 더욱이 인간해방의 세상을 건설하려는 장기표로선 보수야당이 집권하더라도 그것에 만족할 수가 없었다.

장기표는 또한 기존에 관성화된 운동권의 일반적 경향을 극복하기 위해서도 새로운 형태의 정당이 건설돼야 한다고 판단했다. 운동권은 대체로 사회주의를 이념으로 노동자계급 중심의 비합법 전위정당을 건설해서 폭력혁명을 단행해야 한다는 식이었다. 그러나 장기표는 이에 대한 반대입장이었다. 장기표는 사회주의가 아닌 민중주체민주주의 이념에 따라 국민 대중에 기반하는 합법정당을 건설해 선거에도 참여해야 한다는 것이었다.

그래서 장기표는 한편으로는 민중연합체로 민중민주투쟁을 강화하고, 다른 한편으로는 합법정당으로 국민의 지지를 확대해 나가야 한다고 봤다. 이렇게 해야 인간해방의 세상을 건설할 수 있는 진보정치세력을 결성할 수 있다는 판단이었다.

1987년 대선이 끝나고 난 후 한동안 침잠해 있던 운동권에선 다음 해인 1988년 4월 27일에 치러질 13대 총선과 관련해 정치적 진출이 논의됐다. 민통련은 개별적으로 정치활동에 나서는 것은 용인하되 선거에 직접 관여하는 일은 없이 민중연합을 강화할 것을 결의했다. 이러자 임채정, 이해찬 등 '비판적지지'를 주도했던 상당수 인사들이 김대중의 평민당에 입당했다.

이런 상황에서 민통련 바깥에서 정당 건설이 추진됐다. '인천지역 민주노동자 연맹'의 정태윤이 중심이 돼 '민중의 당'을 창당했고, 재야의 예춘호, 제정구, 유인태 등이 중심이 돼 '한겨레민주당'을 창당했다. 민중의 당은 노동운동의 한 분파가 만든 사회주의 정당이었고, 한겨레민주당은 재야의 중심 인물들이 빠진 데다 이념적 정체성마저 모호해 어느 것도 재야민주세력이 정당건설에 나선 것으로 인식되지는 않았다.

장기표가 재야민주세력의 독자 정당화를 이룬 때는 1990년이다. 훗날 국회의원과 경기지사를 지낸 김문수, 국회의원과 특임장관을 지낸 이재오 등과 함께 만든 민중당이다. 재야민주세력의 제도권 진입에 초점을 맞춘 정당이다. 장기표는 이 시기 민주화운동 역량 성장, 이와 맞물린 민주화 진척 등의 흐름을 타고 민주세력의 독자적인 정당 활동을 통해 집권대체세력으로서의 권능을 확립해야 한다는 정세진단을 토대로 합법적인 정치투쟁의 길로 전환했다.

장기표는 민중당 창당에 앞서 1989년 전민련 중앙위원회에서 합법정당 건설을 공식 제안하며 바람몰이에 나섰다. 비합법전위정당론과 시기상조론이 판치고 있는 재야운동권에서 장기표가 대중정당으로서의 합법정당을 주장한 것은 고독한 결단이었다.

이어 장기표는 '진보적 대중정당 건설 준비모임'을 결성해 동지 규합에 돌입했다. 이우재, 이재오, 조춘구, 정문화, 김성식 등과 민중의 당을 했던 정태윤, 염만숙 등이 함께 했다. 또 오세철, 김상기, 김형기, 최상천 등 교수들이 다수 참여하고 김문수, 유인렬, 이원주, 김철수 등 사회주의 사상에 입각해 노동운동을 하던 사람들이 동참하게 됐다.

'민중당의 실패는 한국 진보세력의 실패'... 거듭된 도전

이를 토대로 마침내 건설됐던 민중당은 그러나 현실의 벽에 부딪혀 창당 이후 실시된 선거들에서 의미 있는 성과를 내지 못했다. 민중당은 1991년 광역의원 선거에서 강원도의원 당선자를 1명 배출하는데 그친데 이어 1992년 제 14대 총선에서도 지역구 당선자를 배출하지 못하고, 전국구에서도 득표율 미달로 한 명의 당선자도 배출하지 못하면서 정당 등록이 취소돼 해산되고 말았다. 그러나 민중당은 재야운동권의 새로운 발전 방향을 제시한 중요한 표본이 됐다.

장기표는 세계사적으로도 독특한 한국의 재야민주세력이 역사적 소임을 다하려면 진보정당을 건설해서 인간해방의 나라를 건설할 수 있었어야 하는데 이렇게 하지 못한 것은 민중당의 실패를 넘어 한국 진보세력의 실패라는 점에서 역사적 실패가 아닐 수 없었다고 자책한다.

민중당의 해산 이후 창당된 민주노동당의 경우 진보정당을 내세웠지만 장기표는 이를 인정하기 어렵다는 입장이었다. 민주노동당은 이미 기득권층이 된 민주노총에 기반하고 있는데다, 창당후 어느 시점부터는 북한 정권에 경도돼 있는 주사파가 주도했다는 점에서도 진보정당일 수가 없다는 것이다. 민주노총은 노동자계급주의와 노동해방, 사회주의를 내세우고 있으나 임금 인상 등 자본주의적 이기심을 충족시키고 있다는 점에서 '수구적진보', '사이비진보'라는 것이 장기표의 관점이다.

장기표는 민중당 해산 후 다시 재야인사들과 손을 잡고 개혁신당을 창당하는 등 진보정당 건설을 줄기차게 진행했으나, 지난 결과들이 보여주듯 모두 무위로 끝난 상태다. 장기표는 이 같은 독자 노선의 과정에 김대중, 김영삼 등이 함께 하자고 했으나 모두 뿌리쳤다.

또한 장기표는 평소 알고 지내던 한나라당 총재 이회창이 여러 사람을 시켜 입당을 권했으나 거절했다. 장기표가 새시대개혁당을 창당하기 전인 1999년 여름 국회에서 열린 토론회에서 마주친 이회창이 장기표에게 의원회관 자기 사무실로 가서 차나 한 잔 하자고 했으나 "곧바로 약속이 있어 다음에 찾아뵙겠다"고 말하고는 만나지 않았다. 그 전에 김문수와 홍사덕이 한나라당 행을 요청했지만 일축한 터에 이회창이 요청한다고 해서 받아들일 일은 없었다.

이 무렵 새정치국민회의의 공천을 관장하고 있던 사무총장 정균환이 몇 번이나 만나자는 전화를 했다. 장기표는 만나봐야 새정치국민회의로 오라는 것일 테니 이런저런 핑계를 대고 거부했다.

"내가 아주 지독한 사람. 뜻 이루기 전에는 절대로 죽지 않는다"

1992년 민중당 창당을 기해 재야 민주화세력의 제도권 합법 정당화, 궁극적으로 집권대체세력화 하려는 장기표의 정치 행로는 현실적으로 실패를 거듭했다. 그러나 장기표는 추호도 꿈을 포기하지 않고 있다.

지금 이 순간.

장기표는 '나는 정치문화재'라고 굳세게 외친다.

"사람들이 장기표한테 '나이 팔십이 다 돼가면서 아직도 꿈을 못 버렸네' '정신이 조금 이상한 거 아닌가' 뭐 이런 얘기를 할 거 아닌가. 거기에 대한 변명이자, 나 스스로에 대한 자부심으로 정치문화재라는 말을 쓰고 있다. 인간문화재는 자기만의 우월성을 가지고 평생을 사는 사람이지 않은가. 나는 정치밖에 모르고 죽을 때까지 정치를 할 생각이다. '아직도?'라고 했을 때 '나는 정치문화재이기 때문에 그렇다'고 답하려는 것이다.

나는 스스로 '정치문화재'라고 자부하지만 그렇게 자부할 만한 정치인생을 살아왔다고 말하기도 어렵거니와, 설사 그렇게 자부할 만한 정치인생을 살아왔다고 하더라도 스스로 정치문화재라고 말하는 것은 건방진 일이기도 한 것을 잘 알고 있다. 그럼에도 불구하고 정치문화재로 자부하는 것은 평생 민주화운동 내지 진보정치활동을 해오면서 여기서 벗어난 행동은 한순간도 하지 않으려 했다는 것이 가장 큰 이유다. 다소 과장된 표현 같지만 이것은 사실이다.

그리고 나는 이런 활동을 통해 한국의 민주화에 기여한 측면도 있지만, 특히 인간해방의 세상을 건설하는 데 꼭 필요한 새로운 이념과 전략을 내놓았다는 점에서 어느 누구도 하지 못한 일을 했다고 자부한다.

그런데다 내가 정치활동을 하면서 인간해방의 삶, 곧 자아실현의 보람과 기쁨을 누리는 행복한 삶을 살고 있다고 자부하는 것도 정치문화재로서의 자격을 갖춘 것이라고 볼 수 있을 것이다. 또한 나는 학생운동, 노동운동, 재야운동, 진보정치활동 등을 해오면서 끊임없이 운동의 새로운 방향과 전략을 제시함으로써 한국 민주화운동을 새로운 차원으로 끌어올리는 데 중요한 역할을 했다고 돌아본다.

김대중·김영삼 등 역대 대통령의 영입 제안을 뿌리친 것은 '내가 가면 그쪽 물이 안 들겠는가'라는 판단 때문이었다. 혹자는 '당신이라면 물이 안 들 것'이라고 한다. 근데 물이 안 들면 거기서 외톨박이가 돼서 결국 아무것도 못 한다. 국회의원과 장관이 뭐가 그리 대단한가. 내가 가진 정치 이념을 다른 사람도 갖고 있고 그런 차원에서 여건이 갖춰진다면 기존 정당에 갈 수도 있었겠다.

그런데 자아실현의 나라를 만들려는 생각을 하는 유일한 사람인데 내가 이걸 저버리면 누가 하겠나. 정치를 계속하기에 건강이 받쳐주는지 간혹 질문을 받는다. 내가 아주 지독한 사람이다. 내 뜻을 이루기 전에는 절대로 죽지 않는다. 안 죽으려면 안 늙어야 되고, 늙지도, 죽지도 않을 거다."

7
자유인의 인간해방 행(行) 사상적 여정

'정보사회 = 신문명 = 인간해방의 삶 구현'… '신진보'의 독창적 지평

'장기표는 자유인이다!'

자유의지, 자아실현, 인간해방, 몸의 철학, 노동의 철학, 사랑의 철학, 신문명, 민주시장주의, 녹색사회민주주의

"정보화 세계화로 신문명 도래하니 바라던 인간해방 그 길을 찾았구나. 이제야 세상 바꿔 해방세상 이루리"

'자유인 장기표'

그 가슴은 '자유'를 품고, 그 눈은 '자아'에 꽂히고, 그 발은 '해방'으로 내달렸다. 몸에서 우주의 섭리를, 노동에서 삶의 보람을, 사랑에서 세상의 평화를 깨우쳤다. 신문명을 앞서 보고, 민주시장·녹색사회를 제시했다.

장기표는 모든 사람이 자신이 하는 일에서 자아실현의 보람과 기쁨을 누리며 행복하게 사는 '인간해방의 세상'이 궁극에 이르러야 할 목표다. 민주화운동은 그 길을 가는 방편일 뿐이다. 장기표가 치열하게 민주화운동의 현장을 뛰면서도, 끊임없이 이 시대 요구되는 철학과 사상, 이념, 정책까지 스스로 묻고 답을 찾아온 이유다.

장기표는 인류사 대전환의 정보문명시대에 맞춰 정책연구기관인 '신문명정책연구원'을 설립, 이념과 정책을 체계적으로 정립했다. 사진은 1997년 신문명정책연구원의 세미나 기념촬영 모습. 맨 왼쪽부터 장기표, 박종철 부친 박정기, 전 열린우리당 의장 이부영, 풀무원 회장 원경선, 목사 박형규, 전 통일교육부총리 한완상, 시인 김지하, 신부 송기인

'정보사회=신문명=인간해방의 세상 구현'의 등식이 장기표가 독창적으로 정립한 '신진보' 지론이다. 장기표의 관심이 정보사회에 꽂힌

것은 1980년대 중반 앨빈 토플러의 저서 [미래쇼크] [제 3의 물결] 등을 접한 것이 계기가 됐다. 장기표는 이 때부터 민주화운동의 격렬함 속에서도 꾸준히 정보사회의 미래에 대한 관찰에 들어갔다.

이어 성동구치소에 수감 중 1990년 토플러가 새로 선보인 저서 [권력이동]을 읽고 '정보사회야말로 인간의 해방된 삶이 이루어질 수 있는 객관적 조건을 제공한다'는 것을 간파했다. 장기표는 1994년 후반 신문명의 인류 사회에 대한 공부와 고민에 집중했다. 21세기 최첨단 정보사회인 미국 사회를 지켜보면서 장기표는 자신의 지론을 정돈한 저서 [지구촌 시대 민족발전전략]을 내놓았다.

'정보사회=노동 주체성과 독립성 보장'... 번뜩인 영감

토플러는 [권력이동]을 통해 지난날에는 분업을 기본으로 하는 대량생산 방식을 채택했으나 정보사회에서는 한 사람 또는 소수의 인원이 완제품을 만들어내는 셀 방식 또는 팀워크, 소사장제도 등이 일반화되고 있음을 밝혔다. 또 예전에는 사장부터 사원까지 하이어라키, 즉 수직적 지휘체계에 따라 생산이 이뤄졌으나 정보사회에서는 사장 또는 부장, 과장의 지시에 따라 작업을 하는 것이 아니라 사원의 주체적 판단에 따라 작업을 하게 하는 것이 생산효율을 높이는 생산방식임을 지적했다.

장기표는 산업의 정보화로 물질적 풍요, 경제적 안정을 확보할 수 있는 것도 중요하지만, 인간의 해방된 삶을 위해선 대중의 자주성 확보가 근본적인 요소라고 봤다. 그런 견지에서 장기표는 토플러의 이런 진단에 감동했다. 이것이야말로 노동해방을 통해 인간해방을 구현할 수 있는 방법이라는 사실을 발견했기 때문이다.

자아실현이 돼야 노동해방이 되고, 자아실현이 되려면 노동 속에서 보람과 기쁨을 얻을 수 있어야 하는데 정보사회가 노동의 주체성과 독립성을 보장하는 여건을 갖추고 있다는 관점이다. 토플러가 정보사회의 특질을 보면서 경영혁신의 방안을 제시하는데 초점을 맞췄다면, 장기표는 토플러의 통찰을 보면서 일생의 과업인 인간해방의 이념을 정립하는 영감을 얻은 것이다.

토플러는 셀 방식 또는 팀워크, 소사장제도 등을 생산성 향상의 방법으로 봤으나, 장기표는 자아실현의 노동이 가능하게 되는 방법으로 봤다. 권력이동도 마찬가지다. 토플러는 사장의 권한을 사원에게 넘기는 권력이동이 생산성 향상을 위한 것으로 보았으나, 장기표는 거기서 대중의 자주성 보장을 통해 인간해방을 이루는 것으로 직관했다.

장기표는 토플러의 저서를 보기 전에도 과학기술의 혁명적 발달로 사회적 생산력이 비약적으로 발전함으로써 인간해방의 삶이 가능할 것이라고 보고 새로운 인간해방의 이념 정립을 위해 노력해왔으나, 토플러의 [권력이동]을 보면서 자신의 예측을 확신으로 굳히는 전기를 맞이하게 됐다.

'21세기 새 방향, 새 이념은 한반도에서 나와야'... 부여잡은 소명

장기표는 이 시기, 인간해방의 세상이 열릴 수 있는 정보사회이자 신문명시대를 맞아 '어떻게?' 해야 하는지 치열한 고민을 거듭했다. 여기에는 민주화운동과 민족통일에 매진해 온 입장에서 21세기 전 세계가 나아갈 새로운 방향으로서의 새로운 이념은 한반도에서 나와야 하고, 자신이 이에 부응해야 한다는 소명 의식이 발동했다. 한반도야말로 20세기 전 세계를 지배한 이념대립이 가장 격렬했던 곳이고, 이 이념 대립으로 가장 심한 고통을 받은 곳인 만큼, 고통을 가장 많이 받은 곳에서 그 고통을 해결할 방안이 나오는 것이 세상의 이치이기 때문이었다.

한반도에서 새로운 사상이 나올 만한 곳은 새로운 사상과 혁명의 본산격인 전라북도 지방이라는 생각에 21일 동안 이 지역을 순회한 것도 그 일환이다. 전북은 새 세상을 열기 위한 구한말의 동학농민혁명이 일어난 데다 강일순의 증산도, 박중빈의 원불교등 민족종교가 태동하고 불교 미륵신앙의 본산인 금산사 또한 자리한 지역이다. 많은 신흥종교의 발상지인 모악산 또한 이 지역에 있으니 장기표로선 꼭 가보고 싶은 곳이었다.

새 사상의 영감을 얻기를 바라는 마음으로 혁명의 고장, 사상의 고장의 성지순례에 나선 장기표는 인류 대변혁의 시대에 인간해방 세상을 열기 위한 사상의 뿌리가 동학사상에 있을 것 같다는 생각도 했다.

특히 인간해방은 자연의 순환질서에 따라야 한다는 생각도 떠올렸다.

자연의 순환질서야말로 도(道)인 만큼 인간해방의 삶이 보장되려면 이 세상이 도에 따라 운영돼야 하고 개개인의 삶 또한 도에 따라 영위돼야 한다는 것이다. 정치나 종교 등 인간적인 노력은 자연의 질서에서 벗어난 사회운영이나 삶을 자연의 질서, 곧 자율·상생·순환에 맞게 조정하는 것이라는 생각에도 이르렀다.

장기표는 이런 깨우침에서 인간해방을 향한 자율·상생·순환·조정을 신문명사상의 대원리로 삼았다. 이것이 장기표의 신진보 이념, 곧 민주시장주의 내지 녹색사회민주주의의 배경에 깔렸다.

장기표는 그 후 1996년 '신문명'에 방점을 찍은 정책연구원을 설립했다. 지금도 원장으로 역할 하는 '신문명정책연구원'이다. 이 연구원을 거점으로 삼아 장기표는 인간해방의 주도적 이론과 정책인 민주시장주의를 확립했다.

장기표는 지식정보사회의 도래에 의한 세계적 대변화를 내다봤다. 이 나라는 물론 전 세계가 대량실업과 소득양극화, 환경파괴, 인간성 상실 등 물질과 정신의 전방위 영역에서 고통을 겪고 있는 것은 인간해방을 구현할 이념과 정책을 강구하지 못하기 때문으로 본다.

이를 극복하는 방안으로 세상에 나온 장기표의 민주시장주의는

▲각급 공동체가 민주주의를 실천하는 공동체민주주의 ▲시장경제를 채택하되 시장경제의 부작용에 대해 민주적 통제를 하는 민주적 시장경제 ▲자아실현의 노동에서 보람을 얻게 하는 노동보람주의 ▲국가가 국민의 기본생활을 보장하는 국가복지주의 ▲자연의 순환질서에 따라 사회를 운영하고 삶을 영위하는 생태주의 ▲상호 협의를 통해 문제를 해결하는 비폭력조정주의를 담고 있다.

이기심 기초한 자본주의도, 기계적 평등 사회주의도 '안된다'

신문명정책연구원이 설립되고 얼마 되지 않아 지하철노동조합 위원장으로 있다 해고된 배일도가 찾아왔을 때 장기표의 민주시장주의를 화두로 빚어진 일화가 있다. 배일도가 장기표에게 '평소 사회주의 노동운동은 옳지 않다고 하면서 새로운 형태의 노동운동이 모색돼야 한다고 강조하던데, 어떤 형태의 노동운동이어야 할까?'라고 물었다.

장기표는 '지금이야말로 노동해방, 인간해방을 구현하는 노동운동을 해야 하는데, 이것은 생산수단의 사회화, 계획경제, 프롤레타리아 독재를 근간으로 하는 사회주의 곧 공산주의를 통해서가 아니라 사유재산의 인정, 시장경제, 대중민주주의가 핵심인 민주시장주의를 통해서 이루어질 수 있다'는 것을 설명하고, '특히 노동운동의 경우 자본가 계급의 타도를 목표로 할 것이 아니라 자본가와 노동자가 공존·상생하는 가운데 노동자도 기업의 주인이 되는 운동을 전개해야 한다'는 지론을 밝혔다.

그랬더니 배일도가 그 자리에서 '선생님, 전적으로 공감한다. 내일부터 사무실로 출근해서 함께하고 싶다'고 화답했다. 배일도는 1987년 7, 8, 9월의 노동자 대투쟁 때 지하철노조 위원장이 돼 노동운동의 민주화에 크게 기여했던 사람으로 명망이 높았다.

그런 인물이 노동자 계급주의, 곧 사회주의가 이 나라의 운동권에 만연하고 있던 때에 자신의 간단한 설명을 듣고서 공감을 표시하며 함께 일하겠다고 자원 하는 것은 '기적' 같은 일이었다고 장기표는 회고한다. 배일도는 다음 날부터 사무실에 출근해 신문명정책연구원의 사무총장을 맡아 회사로 복직될 때까지 많은 일을 함께 했다.

장기표는 '신문명'이란 새로운 개념을 내세우는 만큼 이를 대중화하기 위해서는 계기를 마련할 필요가 있었다. 그래서 '신문명정책연구원 창립 기념 토론회'를 열기로 하고, 발제를 신문명적 사고를 이미 여러 차례 밝힌 바 있는 운동권 선배 김지하에게 부탁했다.

장기표는 김지하 집으로 찾아가 서너시간 동안 세상의 변화에 대한 의견을 나눴는데 서로 공감되는 바가 많았다. '이기심에 기초하는 자본주의도 안 되지만 기계적 평등에 매몰되기 쉬운 사회주의도 안 된다'는 원칙부터 시장경제의 새로운 의미 등에 대해서 견해가 대단히 같았다.

장기표는 또 토론회 같은 일반적 방식 이외에도 천리안 등 통신망에 독자 사이트 가동, 논문 작성, 강연, 거리연설회 등 현실 가능한 수단들을 최대한 동원해 전국을 돌며 신문명 사상의 대중적 전파에 애썼다.

이 나라 운동권의 오류, '3대 이념편향', '3대 콤플렉스' 저격

장기표는 정보사회의 도래로 인한 문명사적 대전환인 정보문명시대를 맞아 인간해방의 사회를 구현하는 방향에서 운동권의 잘못된 노선을 바로잡는 작업에도 주력했다. 장기표는 1980년대 중반 〈민주통일민중운동론〉과 〈민중시대의 정치와 운동〉 등의 글을 통해 '민중주체민주주의'를 주창했다.

민중주체민주주의는 사회주의의 이상인 인간해방 세상의 건설 방향은 지키되, 그 건설 방법으로는 사회주의와 달리 사유재산과 시장경제가 인정되는 가운데 노동의 자아실현, 곧 노동해방이 구현되고 국민의 복지가 보장되며 나라 정치의 주체가 노동자가 아니라 국민 대중이 돼야 한다는 요지였다.

1987년 12월 대선을 전후해 재야운동권이 '양김'을 따라 양분돼 소모적 충돌에 빠진 상황에서 독자적인 정당 건설을 제안한 것도 같은 맥락이다. 이에 앞서 장기표는 1980년대 중반 민통련 시절에 이미 재야운동권의 '3대 이념편향'과 '3대 콤플렉스'를 저격했다. 이런 움직임들이 훗날 정돈·정립된 장기표의 민주시장주의의 주요 씨앗으로 자리했다.

'3대 이념편향'은 교조주의, 개량주의, 기회주의를 비판한 것이다. 장기표는 이 중에서도 교조주의, 즉 마르크스 레닌주의와 주체사상에 대한 맹목적 추종을 맹폭했다. 이와 맞물린 '3대 콤플렉스'는 학생운동 콤플렉스, 노동운동 콤플렉스, 북한 콤플렉스에 대한 지적이다. 학생운동권에서 어떤 주장이 나오면 그것을 따르기가 바쁘고, 노동운동권에서 어떤 주장이 나오면 그것을 따르기가 바쁘며, 북한에서 무슨 주장을 하면 그것을 따르기가 바쁠 뿐 그것을 비판하거나 그것에 배치되는 주장은 일체 하지 못했던 운동권의 지배적 분위기를 장기표가 과감하게 공개 비판한 것이다.

장기표는 '3대 이념편향'과 '3대 콤플렉스'가 모두 교조주의, 곧 마르크스·레닌주의나 주체사상에 대한 맹신에서 비롯된 것으로 가장 주체적이어야 할 운동권이 가장 비주체적임을 의미한다는 질타를 가했다. 특히 내심으로는 사회주의 신봉이나 북한 정권 추종은 옳지 않다고 생각하면서도 아무런 비판을 하지 않고 적당히 편승해온 재야 선배 세대의 기회주의적 행태에 개탄을 쏟아냈다.

'민주화 보상금' 거부… '자유인'의 사상·철학 실행

장기표는 '자유의지', '자아실현', '인간해방'의 3가지 화두를 들고 있다. 장기표는 자신의 민주화운동과 정치활동의 목표를 인간해방이라고 말한다. 또 인간해방을 위해선 인간의 특성인 자유의지대로 활동해 자아, 곧 자신의 꿈 내지 욕구를 실천 할 수 있어야 함을 강조한다.

장기표는 민주화운동과 정치활동에 전념해 오면서 자유의지대로 살아옴으로써 자아실현의 보람과 기쁨을 누릴 수 있었고, 이로 인해 지나온 삶이 인간해방의 삶이었다고 자부한다.

여기에는 '몸의 철학', '노동의 철학', '사랑의 철학'이라는 3대 철학이 배어 있다. 사람의 몸도 우주의 한 부분이자 소우주인 만큼 우주의 섭리 내지 자연의 법칙대로 몸이 작동할 수 있게 해야 건강하고 행복할 수 있다는 것이 몸의 철학이다. 노동의 철학은 자신의 활동이 인간의 특징인 자유의지의 발현으로 자신의 꿈과 이상을 이루는 자아실현의 과정이 되게 해서 보람과 기쁨을 누릴 수 있게 해야 한다는 것이다. 사랑의 철학은 나와 상대방의 관계가 사랑의 관계가 되게 해서 사랑이 주는 마음의 평화를 누려서 행복할 수 있게 해야 한다는 논지다.

장기표는 특히 정치도 사랑의 철학에 기초해야 한다고 주장한다. 민주화운동과 정치활동에 적극 참여하는 것은 근본적으로 나라와 국민, 가족, 나아가 인간을 사랑하는 마음에서 나오고, 사랑에 기초한 민주화운동과 정치활동은 자기해방을 가져온다는 체험에서다. 장기표의 정치를 '사랑의 정치'라고 부르는 이유다.

인간해방을 향한 장기표의 이 같은 사상, 철학 등이 실제 행동화 한 단적인 사례로 장기표가 민주화 보상금을 거부한 것을 꼽을 수 있다. 10억원 가량의 적잖은, 아니 상당 규모의 거액인 민주화 보상금을 뿌리친다는 것은 '자유인'의 경지라고 해도 부족함이 없다. 장기표는 민주화운동과 관련, 재심을 청구하거나 명예회복과 보상을 신청하는 데 반대한다. 국민된 도리, 나아가 지식인으로서 마땅히 해야 할 일을 했을 뿐인데 국가, 곧 국민으로부터 보상을 받는다는 것은 말이 안된다는 생각이다. 또 애당초 독재정권 아래서는 불법이 될 수밖에 없는 투쟁을 해 놓고서는 뒤늦게 합법성을 인정받겠다는 것은 자가당착이라는 것이다.

그런데도 기어이 자신의 행위가 합법적이었다고 주장한다면 그것은 자신의 행위가 민주화투쟁이 아니었거나 그 시대의 정권이 독재정권이 아니었다고 주장하는 것이니, 이것은 민주화운동의 대의에 어긋난다는 얘기다. 게다가 재심을 청구해 무죄가 된다면 그런 민주화투쟁은 무효라는 사실을 스스로 고백하는 것에 다름 아니라는 것이 장기표의 관(觀)이다.

민주화투쟁으로 겪은 고생으로 말하면 장기표만한 인물도 드물다. 그의 일생 자체가 투쟁과 고난으로 점철돼 있다. 따라서 장기표의 이런 주장과 처신은 민주화운동을 팔아먹거나 그것을 금과옥조로 내세우는 기득 운동권 패거리들을 부끄럽게 하고, 그런 세태에 경종을 울리는 것은 분명하다. 반면 '세상을 바꿔야 한다'는 동심을 촉발한 가난이 여전히 자신의 삶을 옥죄고 있는 현실에서 거액의 민주화보상금에 손사래 치는 장기표에게선 진정한 인간해방의 자유 영혼이 빛나 보인다.

이 같은 장기표의 면모를 뒷받침하는 또 다른 일화도 있다.

장기표는 1974년 민청학련 사건으로 수배 중인 상태에서 한때 부산 태종사에 내려가 중이 되기도 했다. 우상이라는 법명도 받았을 뿐만 아니라, 머리를 깎고 옷도 승복으로 갈아입고, 공양주 보살의 역할도 했다.

어느 때, 어느 일을 맡아도 성심성의를 다하는 것이 장기표의 성품이기도 하지만 절집의 규율과 습속을 철저히 지켰다. 반야심경이나 천수경은 물론 30여쪽에 달하는 대불정 능엄신주까지 외워 독송했다. 중 생활을 시작한 지 한 달도 안돼 선암사의 석암 스님을 계사로 사미계도 받았다. 그러나 산중의 절을 뒤로 한 채 결국 서울로 몸을 뺏다.

이에 대한 장기표의 '고백'이 여운을 남긴다. 장기표는 '중노릇으로는 세상을 바꿀 수 없다고 생각했기 때문'이라는 대국적 차원의 이유를 제시했다. 그리고는 '결혼하고 아이 낳는 세상의 행복을 포기하고 싶지 않았다'는 세속적 속내를 '굳이' 털어놓았다. 장기표의 '자유 영혼'은 선천적 숙명 아닐까?

문명의 대전환... '자아실현' '인간해방' 구현은 세상의 이치

지금 이 순간.

장기표는 변함없이 '자유의지'로 '자아실현' '인간해방'을 노래한다.

"인간해방의 시대가 도래했는데도 인간해방을 구현하지 못하면 더 큰 어려움에 직면하게 되어 있는 것이 세상의 이치다. 지금 그런 상황에 처해 있다. 나는 오늘의 세계적 대변화를 문명의 전환, 곧 신문명시대의 도래로 받아들인다.

이 신문명시대는 인간해방의 시대, 곧 모든 사람이 자아실현의 보람과 기쁨을 누리며 행복하게 살 수 있는 시대가 되리라고 본다. 정치는 역사의식에 기초해야 한다. 오늘의 세계적 대변화를 문명의 전환, 곧 새로운 정보문명시대의 도래로 보고 이에 맞는 사상과 이념, 정책을 수립해야 한다.

지금까지 시대착오적 사이비 진보이념인 마르크스·레닌주의나 주체사상이 한국 진보정치의 진정한 발전을 가로막아 온 점을 고려할 때 내가 주창한 민주시장주의는 참된 진보정치의 발전을 위해서 꼭 필요한 이념이라고 믿는다.

생산수단의 소유 유무에 따라 계급을 나누고, '인간의 의식이 사회적 존재를 결정하는 것이 아니라 사회적 존재가 인간의 의식을 결정한다'는 당파성 이론 등 마르크스 레닌주의가 운동권을 지배하고 있을 때, 나는 민주통일민중운동론을 정립해서 '생활이 의식을 결정하고, 상황이 행동을 결정한다' '현실에서 이념이 나오고, 투쟁에서 전략이 나온다'고 주장하면서 이념과 전략의 자주성 및 현실성을 설파했다. 교조주의에서 벗어날 이론적 토대를 제시했던 것이다.

마르크스 레닌주의와 주체사상이 판치는 우리나라 운동권에서 개량주의로 매도돼 온 사회민주주의와 동일시될 수도 있는 민주시장주의 이념을 주창하는 것은 보통 어려운 일이 아니다. 개량화나 우경화라는 비난은 물론 변절자라는 비난까지 듣는 경우도 대단히 많았다. 그러나 이런 비난에도 불구하고 나의 주장을 견지해 오는 것은 내 나름의 확신과 자부심은 물론 사명감이 있기 때문이다.

무엇보다 산업의 정보화로 말미암은 대량실업과 소득양극화, 환경파괴, 인간성 상실 등이 전 세계적으로 사회구조화 돼 인생이 파탄나고 사회가 붕괴하는 대재앙을 맞고 있는 때에 이를 극복하기 위해서도 내가 주창한 인간해방, 곧 자아실현 이념인 민주시장주의를 채택해야 한다고 본다. 인간해방, 자아실현은 이것이 좋기 때문만이 아니라 이런 삶을 살 수 있는 이념과 정책을 강구해야만 전 세계가 직면하고 있는 이 시대의 문제들을 풀어낼 수 있기 때문이다."

8
마지막 재야의 넘치는 저술(著述) 역사적 여정

'마지막'까지 역사의 깨우침을 후대에 공명시키는 성과

'장기표는 마지막 재야 다!'

해방의 논리와 자주사상, 사랑의 정치를 위한 나의 구상(전 8권), 지구촌 시대 민족 발전 전략, 문명의 전환, 문명의 전환 새로운 비전, 신문명 국가비전, 한국경제 이래야 산다. '지못미' 정치, '지못미' 경제, 참된 진보정치를 선언하며, 불안 없는 나라 살맛 나는 국민, 청년에게 고함, 장기표의 행복정치론, 장기표의 정치혁명, 통일 초코파이…

모두 다 책 제목이다. 모두 다 저자가 장기표다.

"새끼 손가락이 동상에 걸렸다."

'마지막 재야 장기표'

1990년대 중반, 재야운동권 주요 인사들이 '양김', 김대중과 김영삼 품으로 경쟁적으로 안겨 기존 정치권으로 들어가면서 '재야는 죽었다'는 탄식이 흘러나온 시기에 장기표가 홀로 재야에 남은 상황에 주목한 한 중앙언론을 통해 대중화된 칭호다.

이에 더해 장기표는 또 다른 의미에서 '마지막 재야'다운 노고를 스스로의 삶에 바쳤다. 장기표는 민주화운동의 전 과정에 30여 권에 달하는 저서는 물론 재판 과정의 정세분석서, 항소 이유서, 옥중에서 만들어 낸 비밀 문건인 편지와 쪽지 등 수많은 '기록'을 남겼다. 분량만해도 셈 할 수 없을 만큼 방대하지만, 무엇보다 세상을 바꾸기 위한 사상과 이념, 전략을 생생한 직간접 체험으로 기록했다는 데서 장기표만의 남다른 또 하나의 족적으로 평가된다. '마지막 재야'로서 20세기에서 21세기에 걸친 한 시대의 묻혀지고, 잊혀져선 안되는 역사를 '마지막'까지 후대에 공명시키는 성과인 까닭이다.

어지간한 전문 작가도 근접하기 어려운 정도인 장기표의 '글쓰기'는 교도소 수감 중 민주화투쟁의 연속선상에서 바깥 세상에 있을 때보다 오히려 더 세상을 바꾸려는 마음이 간절했기에 겨울철에 온기라고는 없는 감옥에서도 강행되곤 해 새끼손가락에 몇 년에 걸친 '동상'의 고통을 안기기도 했다.

장기표는 글의 내용들이 일반 대중의 선호와는 거리가 있어 제도권의 문화계 시각에선 기껏해야 '무명의 작가' 위치에 놓여 있다고 할 수 있다. 하지만 장기표의 글들은 그야말로 피와 눈물과 땀이 뒤섞여 있기에 하나, 하나 예외 없이 차별화된 의미와 가치가 담겨 있을 뿐 아니라 깊이 있는 전문성이 돋보이기도 한다.

장기표의 주요 글들을 내용적으로 대별하면 '민주화투쟁'이라는 역사형과 '신진보정치', '신문명' 등을 담은 미래형 등 두 유형이다. 책으로 체계를 갖춰 엮어낸 것은 아무래도 깊이가 요구되는 미래형이 주류를 이루고, 과거형은 대체적으로 정세분석서, 항소이유서, 옥중 편지 및 쪽지 등이다.

그러나 민주화투쟁의 기록인 역사형들은 장기표 자신이 온몸으로 부딪히고 고뇌한 것이기에 사람들의 심금을 울리는 호소력이 빛난다. 한 운동권 동지는 민주화투쟁에 대한 글의 기록과는 형태가 다르지만 법정에서 토해 낸 장기표의 말들에 대해 "그야말로 민주화의 장전이요, 천하의 웅변"이라고 헌사하기도 했다.

옥중에서도 끊임없이 쓰고 쓴 '글'들… '민주'와 '사랑'을 녹이다

장기표는 감옥에 갇혀 있으면서도 끊임없이 썼으며, 밖과 교신했다. 특히 아내 조무하와 엄청나게 많은 편지를 주고받았고 1987년에 이를 묶어 [새벽노래]라는 이름의 책을 냈다. 이 책은 '전남민주주의청년연합(전청연)' 같은데서는 청년학교 교재로 쓰기도 했다.

장기표의 옥중서한들을 묶어낸 책 [새벽노래]

장기표는 옥중에서 1988년 [우리, 사랑이란 이름으로 만날 때]라는 제목의 책을 출간하기도 했다. 책의 제목이 그럴듯한 탓도 있었지만, 이 책은 운동권 젊은이들이 연인에게 선물하는 책 가운데 하나가 됐다. 이 책은 사랑, 특히 부부사랑을 다루고 있으나 장기표의 정치 철학도 담겨 있다. "정치는 사랑의 사회적 실천이자 사회적 실현이기에 정치는 사랑이다"라는 것이 장기표의 지론이다.

또 수감 중 아내에게 전달한 편지와 쪽지 글들, 항소이유서 등을 묶어 1991년 전 8권에 달하는 저서 [장기표 저작집 - 사랑의 정치를 위한 나의 구상](전8권)을 출간했다. 이 책의 분량만 원고지 약 1만 4천 매로 방대했다. 특히 이 책은 장기표의 민주화운동이 거둔 성과 중에서도 상당히 중요한 의미를 지닌다. 온몸으로 투쟁해온 한 운동가의 사상과 삶이 상당 부분 담겨 있기 때문이기도 하지만, 이 나라 운동권을 지배해온 마르크스·레닌주의나 주체사상의 극복을 위한 독창적인 운동론이 피력돼 있어서다.

장기표는 1991년 12월 말경 명동에 있는 YWCA 강당에서 이 책 출판기념회를 열었는데, 대성황이었다. 그런데 이날 장기표는 저자 인사말에서 나는 '책을 내기 위해 글을 쓴 일은 없고, 그때그때 민주화운동에 필요해서 글을 썼을 뿐이라는 점에서 이 책들은 머리나 손으로 쓴 것이 아니라 온몸으로 쓴 투쟁의 기록'이라고 말하다가, 눈물을 왈칵 쏟아냈다. 이 책에 실은 글들을 쓰는 과정에 온갖 간난신고를 다 겪은 투쟁들이 주마등처럼 지나가니 절로 눈물이 터져 나온 것이다.

장기표의 아내 조무하가 민주화실천가족운동협의회(민가협) 총무 시절, 투쟁하는 현장. '인간해방'을 향한 장기표의 여정에 조무하의 내조는 치열함, 뜨거움 등 일상의 단어로는 표현이 가능하지 않을 정도다.

고행의 연속... 그러나 재판 현장도 '글쓰기 텃밭'으로

옥중에 10년 가까이 갇혀 있던 장기표에게는 글쓰는 것 자체가 고행이었다. 1986년 '5.3 인천대회'로 서울구치소에 수감돼 있을 때 재판을 거부하려던 전략에서 선회해 '자술서'라는 형식으로 민주화운동의 정당성 등을 밝히는 글을 쓰려 했다. 하지만 서울구치소에서 집필을 허가하지 않았다. 재판부에 제출할 글의 집필을 허가하지 않는 건 있을 수 없는 일이었다. 그래서 장기표는 소장과 보안과장 면담을 신청했으나 면담은커녕 장기표를 피하려고 사방 순시조차 돌지 않았다.

장기표는 전문작가 이상의 방대하고 전문적인 저술을 계속해 오고 있다.
사진은 장기표가 지은 주요 책들 모음

그러던 어느 날 장기표는 의료기구실에 있던 플라스크를 들고 관구주임을 인질로 잡는 등 우여곡절 끝에서야 집필을 허가받았다. 장기표는 원고지 약 1,500매 분량의 〈자술서〉를 썼는데, 서울구치소에서는 이 자술서를 법원에 보냈다고 했으나 법원에서는 받지 않았다고 했다. 피고인이 구치소에서 작성해 보낸 문서를 법원이 받지 못하는 일은 있을 수 없는 일이었다.

당시 전두환 정권은 전국의 구치소장과 교도소장을 청와대로 불러서 공안사범들을 엄중히 다룰 것을 지시했고, 이런 분위기에서 서울구치소의 간부들이 장기표를 노린다는 말이 들렸다. 장기표도 단단히 각오하고 있었다. 그러던 어느 날 접견을 하고 사방으로 들어오다 자술서의 행방을 따지겠다며 보안과장을 만나러 보안과로 가려니까 못 가게 했다. 운동장에서 승강이를 벌이고 있는데 간부 대여섯 명이 수갑과 포승을 들고 직원 10여 명과 함께 나타났다.

장기표를 꽁꽁 묶으려는 태세였다. 장기표는 그 자리에서 '이 XX들, 내 몸에 손만 대 봐. 다 XX버릴 거야'라고 고함을 지르면서 결사적 저항 의지를 보였다. 교도관들이 주춤하고 있는 사이 나이 든 관구부장이 장기표를 보안과 옆 기사실로 끌고 들어가 상황이 진정됐다. 장기표는 그 뒤 곧바로 안양교도소로 이감됐고, 이곳에서도 장기표는 공안사범을 수용하는 1사가 아니라 기결수 사동인 5사로 보내 격리됐다.

장기표는 자술서가 재판기록에 첨부됐다면 그것을 복사해서 운동권에 배포하고는 항소를 포기하려 했으나 자술서가 행방불명돼 다시 글을 쓰기 위해 항소했다. 장기표에게는 재판도 '글쓰기 텃밭'으로 작동된 것이다. 이때 쓴 항소이유서 또한 원고지로 2천매 정도로, 미농지로 약 700매가 넘어 재판부에 제출할 3권을 꿰매는 데만 하루도 더 걸렸다. 장기표가 새끼손가락이 동상에 걸린 때다.

이때 쓴 항소이유서는 나중에 책자로 만들어져 운동권에 광범위하게 배포됐다. 내용은 "우리는 잘 살 수 있는가? 그렇다. 우리는 잘 살 수 있다는 희망과 확신을 갖게 하기 위해 이 글을 쓴다"는 말로 시작해, 대중이 자유와 평화와 복지를 누리면서 행복하게 살 수 있는 방안을 밝히고 있다. 장기표는 출소 후 여러 젊은 활동가들로부터 이 항소이유서를 읽고 공부 많이 했다는 말을 들었다.

장기표는 1심 재판부에 제출한 〈자술서〉가 유실되는 것을 보면서 이 〈항소이유서〉는 어떤 일이 있더라도 바깥에서 읽힐 수 있게 하려고 재판부에 제출할 3부 외에 1부를 더 작성해서 밖으로 내보려고 했다. 그러나 그것을 전할 방법을 찾을 수 없었다. 장기표는 이 문서를 밖으로 내보내지 못한 상태에서 다른 교도소로 이감 갈 수도 있어, 화장실 문을 뜯어내고 그 안에 감춰뒀다. 만약 〈항소이유서〉를 내보내지 못하면 출소한 뒤 안양교도소 교도관 한 명을 사귀어 빼낼 생각까지 했다.

그러던 중 다행히 어느 젊은 교도관이 이 문서를 전해주겠다고 했다. 급하게 화장실 문짝을 뜯어내고 꺼내느라 손등이 가시에 찔려 피를 흘리기도 했다. 결국 이 문서는 서울대 입구에서 '대학서점'을 운영하던 김문수의 처 설난영에게 전달돼 책자로 만들어졌다.

'원고 강탈' 등 글로 인한 수난... 더 큰 행복을 선물 받다

장기표는 글로 인한 수난도 피할 수 없었다. 1974년 민청학련 사건의 배후조종자로 지명수배를 당했던 직접적 이유가 동향 후배 김병곤에게 써 준 글, 〈민중의 소리〉가 문제가 됐기 때문이다. 이 문건은 이해 4월 전국의 각 대학에서 동시다발로 대규모 시위를 계획하면서 발표된 것 중의 하나였다.

4.4조로 비교적 단조롭게 진행되기는 했지만 김지하의 당시 〈오적〉을 연상케 하는 측면도 있어 밖에서는 그것이 김지하의 작품이라는 소문도 나돌고 있었다. 김지하의 〈오적〉은 판소리의 형식과 가락에다가 문학 작품의 성격을 띠고 있는 데 비해, 장기표의 〈민중의 소리〉는 선전·선동의 냄새를 강하게 풍기고 있었다. 그러나 현실을 날카롭게 고발하고 풍자하고 선동하는 그 진정성이나 대중성이 대단한 작품이다.

"우리 호소 들어 보소 배고파서 못살겠소 / 유신이란 간판 걸고 국민대중 기만하여 / 민주헌법 압살 위에 유신 독재 확립하니 / 기본권은 간 곳 없고 생존마저 위태롭다 / (중략) / 우리 모두 궐기하여 유신 독재 타도하고 / 4월혁명 정신 살려 민주민권 쟁취하자 / 나아가자 피 흘리자 민주혁명 이룩하자."

장기표에게 글로 인한 수난은 또 다른 방식으로 닥치기도 했다. [우리나라 근로자 실태와 노동운동의 방향]이란 책의 원고를 써뒀는데, 1977년 2월 중앙정보부에 체포되는 바람에 원고를 빼앗기고 말았다. 장기표는 소중한 글로 생각했던 것이어서 아쉬움을 곱씹어야 했다.

하지만 이런 수난에도 장기표는 글쓰기로 인한 행복이 훨씬 컸다. 장기표는 옥중에서의 비밀문건 작성을 통해 제한적이나마 밖의 민주화투쟁을 지원하는 보람과 기쁨을 즐길 수 있었다. 1988년 2월의 대통령 취임 특사 때 시국사범이 다수 석방됐지만 장기표는 제외된 채 계속 갇혀 있게 됐다. 하지만 장기표는 이런 일에 익숙해 있어 금방 평상심으로 돌아가 비밀문건을 통한 반독재투쟁에 열정을 쏟았다.

고난 딛고 '사랑' 키운 전화위복의 자생적 '가정사'

이 같은 쪽지 글 형식의 비밀문건들은 '5.3 인천대회'로 갇혀 있던 기간 중 쓴 것만도 한 뭉치나 됐다. 그 후 출소해서 지인이 PF파일로 만들었는데 4천매 가량이나 됐다. 장기표는 깨알 같은 글씨로 쓴 이 쪽지 글들을 보노라면 그때의 집념과 열정이 생각나 상념에 잠기곤 한다. 장기표가 비밀문건을 작성해서 접견 온 아내에게 주면 아내는 그것을 일일이 타이핑해서 동지들에게 전해줬다. 만약 그 문건을 전달받은 동지들이 수사기관에 적발돼 출처를 추궁당하면 곤란했기 때문이다. 타이핑해서 줄 경우 설사 그 문건이 장기표한테서 나온 것으로 밝혀진다 해도 교도소 접견 시에 장기표가 말한 것을 아내가 메모했다가 그것에 기초해서 문건을 작성한 것으로 하면 됐기 때문이다.

장기표는 두 딸 아이들 데리고 살림하랴, 학교에 가서 학생들 가르치랴, 접견 오랴, 문건 받아다가 타이핑해서 민통련 사람 만나 전하랴, 매일 한통씩 편지 쓰랴, 몸이 열 개라도 부족할 일을 하느라 고생 꽤나 했겠다 싶어 아내가 안쓰러울만도 했으나 그런 생각이 별로 안들었다고 말한다. 자신이 몰인정해서였기보다 아내에 대한 사랑이 그만큼 컸기 때문이 아닐까 싶다는 자위에서다. 장기표는 그래서 러브 스토리에 나오는 '사랑하는 사람에게는 결코 미안하다는 말을 하지 않는다'는 말이 마음에 꼭 들었다.

실제로 장기표는 옥중 글쓰기를 통해 그 어떤 부부도 누리지 못할 '사랑'을 부인과 키워가는 축복을 받았다. 스스로에 의해, 아내에 의해 전화위복격 자생적 가정사를 일궈낸 것이다.

장기표는 민청학련 사건으로 수감 중 아내와 엄청나게 많은 편지를 주고받았다. 장기표는 한 달에 4번만 편지를 쓸 수 있는 교도소 규칙의 최대치를 썼다. 게다가 봉함엽서 한 장에 200자 원고지 약 100매 분량의 편지를 깨알같이 쓰곤 했는데, 130매 분량을 쓴 일도 있다. 아내는 장기표에게 매일 편지를 썼다. 아내는 하루에 두통 쓴 날은 있어도 한통도 쓰지 않은 날은 없었다. 교도소에서 편지를 받는 즐거움은 대단히 큰데 장기표는 거의 매일 편지를 받았고, 연휴가 있을 때는 하루에 너댓통을 받기도 했다.

장기표 부부가 이처럼 편지를 많이 주고받은 건 할 말이 많아서라기보다 부부의 정을 돈독히 하기 위해서였다. 도둑장가 가듯 아무도 모르게 다방에서 결혼식을 올리고서 잠깐 함께 살다 곧바로 구속돼 3년간이나 징역을 사는 등 부부의 정을 나눌 겨를이 없었던 터라 편지로 부부의 정을 나누면서 키워갔던 것이다.

장기표는 그때 쓴 편지의 한 구절을 긴 세월이 지나도 잊지 않고 있다. "세상 사람이 다 나를 칭송하더라도 당신이 나를 자랑스럽게 생각하지 않는다면 그 모든 칭송은 내게 헛것이며, 세상 사람이 다 당신에게 위로의 말을 할지라도 당신에 대한 내 사랑의 말 한 마디에 어떻게 비길 수 있겠소"라는 내용이다.

기억들의 파편에서 슬픔보다 기쁨을, 후회보다 보람을!

장기표는 1995년 출간한 미래형 저서 [지구촌 시대 민족 발전 전략]에 대해 상당한 자부심을 갖고 있다. 장기표는 이 책을 토대로 그 후 [신문명 국가비전] [불안없는 나라 살맛나는 국민] 등의 제목으로 개정판을 냈다가 2020년 [장기표의 행복정리론]으로 최종 정리했다. 장기표는 "나는 이 책이 우리나라에서만 필요한 책이 아니라 전 세계적으로 필요한 책이라고 믿는다"고 힘줘 말한다.

이에 앞서 장기표는 1989년에 한 권의 책으로 정리한 [민중시대의 정치와 운동]이 운동권의 교조주의적 행태를 비판하면서 군사독재정권을 종식시키기 위한 전략론으로서는 의미가 있지만, 정보화 사회에 어떻게 국가를 운영하고 삶을 영위해야 하는지에 대해선 제대로 밝히지 못한 아쉬움을 갖고 있었다. 그러나 이 [지구촌 시대 민족 발전 전략]을 통해 정보사회를 맞아 인간해방의 삶을 살 수 있게 됐음을 알리고 그 방안까지 적시했다.

장기표의 저작집 [사랑의 정치를 위한 나의 구상](전 8권) 출판기념회

장기표의 출판기념회를 축하하기 위해 함께 자리한 인사들. 사진 오른쪽부터 왼쪽으로 전 경제부총리·서울시장 조순, 전 연세대 부총장 김동길, 전 이화여대 총장 장상

장기표가 이 책에 대해 자부심을 갖는 이유 가운데 하나는 인간해방의 조건으로 물질적 풍요, 정치적 자유, 사회적 평화, 노동의 자아실현성 보장 등을 대단히 독창적으로 정리했다는 사실이다. 김영삼 정부 때 국무총리로 있던 이홍구가 전화를 걸어와 [지구촌 시대 민족 발전 전략]이란 책을 읽었는데 많은 것을 배운 바가 있다면서 '장 선생은 데모만 하는 줄 알았는데 공부를 이렇게 했소'라고 말했다는 일화를 장기표는 전하기도 했다.

지금 이 순간.

장기표는 바란다.

"나의 글들은 그 어떤 작가도 체험하기 어려운, 심지어 상상조차 하기 어려운 과정을 거쳐 기록되고 세상에 나왔다. 그로 인해 내가 겪은 고통들을 전하는 것도 쉽지 않다. 그러나 나는 그 기억들의 파편에서 슬픔보다 기쁨을, 후회보다 보람을 찾고 느낀다. 당대의 이 나라 국민들도, 후대의 자손들도 내가 남긴 기록들에서 조금이라도 깨우침과 기쁨을 얻을 수 있었으면 좋겠다. 마지막 재야라는 식의 거창하거나 과분한 자격으로서가 아니라, 이 나라에서 민주화운동을 열심히 해온 한 운동가로서의 바람이다."

9 영원한 찐보의 쉼 없는 전진(前進) 현재진행형 여정

'진짜 진보'의 일생을 관통하는 칭호... 영속성을 더하다

'영원한 찐보' 장기표의 쉼 없는 전진의 여정에는 함께 인내해 준 가족의 사랑이 함께 녹아 있다. 사진 왼쪽이 둘째 딸 보원, 뒤쪽이 큰 딸 하원. 아내 조무하

'장기표는 영원한 찐보다!'

"세상을 바꿔야 한다."
'혁명아 장기표'의 소년 시절 마음이다.

"그래도 세상을 바꿔야 한다."
'열혈남 장기표'의 학생운동 시절 의지다.

"아드님의 뜻을 이루는데 도움이 될까 싶어 찾아왔습니다."
'노동일꾼 장기표'의 노동운동 시절 결기다.

"평생 아내와 살 날이 별로 없겠구나."
'운동권 대부 장기표'의 재야운동 시절 실상이다.

"교도소가 천국이다."
'감갈공명 장기표'의 교도운동 시절 감탄이다.

"죽을 때까지 정치한다."
'정치문화재 장기표'의 정치적 여정이다.

"정보화, 세계화로 신문명 도래하니 바라던 인간해방 그 길을 찾았구나. 이제야 세상 바꿔서 해방세상 이루리."

'자유인 장기표'의 사상적 여정이다.

"손가락이 동상에 걸렸다."
'마지막 재야 장기표'의 역사적 여정이다.

"꿈이 있고, 확신이 있고, 열정이 있다."
'영원한 찐보 장기표'의 현재진행형 여정이다.

혁명아, 열혈남, 노동일꾼, 운동권 대부, 감갈공명, 정치문화재, 자유인, 마지막 재야.

장기표는 자신에게 붙여지는 이 같은 칭호들에 대해 "과분하다" 손사래를 친다.

그러나 여기에다 또 하나의 칭호, 장기표의 어제와 오늘 그리고 내일까지 그 일생을 관통하는 '영원한 찐보'를 세상은 더할 수밖에 없다.

'세상을 바꿔야 한다'는 소년 시절의 초심을 70대 중반이 넘은 현재까지 흔들림 없이 부여잡고, 나아가고 있는 장기표는 '진짜 진보', '찐보'라고 지칭해도 결코 무리가 아니다. 오히려 그 영속성을 가미해 '영원한 찐보'라는 표현이 적절하다.

"죽고 사는 것은 하늘에 달렸고, 나로서는 역사의 현장을 체험하지 않고는 배길 수 없다."

1967년 어느 겨울밤, 22세의 청년 장기표가 한 말은 여전히 쉼 없이 전진하는 현재진행형이다.

"인간해방 이루라는 역사의 소명 따라 온갖 노력 다했건만 아직도 못 이뤘네. 아무리 어렵다 해도 마침내는 이루리."

2021년 현재, 76세의 청년 장기표가 읊조리는 소명이다.

장기표는 '신(新)진보'를 자처한다. '신(新)문명'의 청사진을 세상에 내놓고 행동해 온 일거수일투족이 사실적으로 뒷받침한다. '진보의 이름으로' 진실을 가리고, 세상을 기만하고, 국민을 오도하는 '구(舊)진보'와 대비된다. '신진보'는 '진짜 진보'를 이름한다. '구진보'는 '가짜진보'이자 '수구적진보' '사이비진보'이고, 그 실제적 정체는 '퇴보'다.

반세기가 넘는 세월, 민주화운동에 투신하며 '진보 정치'의 길을 걸어 온 장기표에게 눈앞의 현실에서 앞으로 나아가는 선택은 무엇일까.

'기득권 가짜진보 패거리 정치세력'타도 초점, 정권교체 투쟁 깃발

'기득권 가짜진보패거리 정치세력'이 투쟁의 타깃이다. 구체적으로 문재인 현정권이 타도 대상이다.

보수니 진보니, 좌파니 우파니, 허무한 이념전에 치여 온 이 나라에서 불변의 명제처럼 고정화된 폐해가 있다. '보수는 부패하고, 진보는 무능하다'다.

그러나 이 명제는 이미 '옛 것'이 돼 버렸다. 언제부터인가 '부패한 보수가 무능을 더하고, 무능한 진보가 부패를 더했다'로 명제가 바뀌어버렸다.

더욱이 현 문재인 정권이 들어서선 '진보'는 돌이킬 수 없을 정도로 망가졌다. 무능에 부패를 더한 정도에 그치지 않았다. '위선'과 '탐욕'이 하늘을 찔렀다. '내로남불', '몰염치'도 극해 달했다. 진보의 독점 가치처럼 여겨졌던 '정의'는 사라졌다. 역주행한 '불의'만 판 쳤다. '진보의 이름'에 오욕만 쌓였다.

장기표가 '문재인 정권 타도'를 외치는 이유다. '찐보' 장기표는 자칭 '진보' 문재인 정권 연장 저지를 시대적 소명으로 부여잡고 있다. 그것이 곧 '민주화운동'의 대의와 직결되는 까닭이다.

장기표의 발걸음은 '2대 행동'으로 압축된다. 하나는 운동권진영의 오랜 고질병으로 지목해 온 '3대 이념편향'과 '3대 콤플렉스' 제거 작업이다. 또 하나는 내년 대통령선거에서의 '정권 교체'다.

장기표로선 재야운동에 집중하던 1980년대, 자신이 강하게 맞섰던 '운동권내 고질병이 30여년이 지난 현재까지도 완고하게 버티고 있는 현실을 좌시할 수 없다. 일정 부분 그 병이 완화되기도 했지만, 이 문제가 근본적으로 해소되지 않는 한 이 나라의 미래는 암울하다고 경고한다.

장기표가 현실적으로 이보다 더 집중적으로 주력을 쏟는 행동은 정권교체다. 운동권의 고질병은 그 특성상 단기적으로 해결이 어려운 문제이기도 하지만, 정권교체는 당장 눈앞 숙제인데다 운동권의 문제를 처리하는 실천적 방편이기 때문이다.

이에 따라 장기표는 지난해부터 현장투쟁에 불을 붙였다. 장기표는 2020년 10월부터 2021년 4월까지 매주 수요일 '국민의 소리' 주최로 '국정파탄 문재인 정권 퇴진 촉구대회'를 열고 광화문 현장에서 여전히 힘이 넘치는 목소리로 마이크를 잡았다. '국민의 소리'는 반(反)문재인 정권 투쟁과 새 정치세력을 만들어내기 위해 시민정치운동 차원에서 2018년 봄, 장기표가 출범시키고 대표를 맡은 단체다. '운동권 정권'을 향해 '운동권 대부'가 물러나라고 세상을 향해 육성을 토하는 역사의 아이러니이자 곡절이다.

장기표는 또 2020년 12월 출범한 '폭정종식 비상시국연대'에서 홍준표, 안철수, 이재오 등과 함께 공동대표로 역할하고 있기도 하다.

진보정치의 길을 무소의 뿔처럼 꿋꿋하게 지켜 온 장기표가 지난해 총선에서 기득 제도권 보수정당인 '미래통합당(국민의힘)'의 옷을 입고 출마한 것도 정권교체가 최우선적으로 필요하다는 절박감이 작용한 결과다.

그렇지만 '대통령 탄핵'이라는 초유의 사태를 겪고서도, '아직도 정신 못차렸다'는 일반 대중의 따가운 시선에서 벗어나지 못하는 제1야당에 대해 마음을 활짝 연 것이 아닌 것도 분명하다. 문재인 정권이 '가짜 진보'이듯이, 국민의힘 또한 '가짜 보수'의 수렁에서 헤매이고 있다는 것이 장기표의 부인할 수 없는 시각이다. 그런 만큼 정권교체를 위해서라도 국민의힘이 혁명적으로 환골탈태 되도록 하는데도 신경을 곤추세우고 있다.

정권 교체 위한 '시대적 소명'으로서의 '역할' 집중

장기표는 2022년 3월 대선을 앞두고 정권교체를 위한 '시대적 소명'으로서의 '나의 역할'에 집중하고 있다. 정권교체를 위해서라면 그 무엇이든 흔쾌히 결단한다는 자세다. 장기표에게 당면한 정권교체의 과업은 단순한 권력의 차원을 넘어 자신의 궁국적 지향인 '인간해방'을 위한 단계로서 절대적 의미를 갖는다. 장기표로선 '인간해방'으로 가는 그 길, 그 숨에 멈춤이 있을 수 없다. 그러기에 더욱더 정권교체에 대한 투쟁의 열정을 쏟고 있는 것이다.

사실 장기표는 문재인이 대통령 후보이던 2017년부터 반(反)문재인 운동을 펴왔다. 이 대목에서 장기표의 열변은 다소 길게 이어진다.

"본래 나는 인간해방의 사회를 건설하기 위해 민주화운동에 뛰어든 데다 정보문명시대야말로 인간해방의 시대가 되리라고 확신하는 터라 인간해방을 실현할 정치에서 벗어날 수 없다. 나는 이 같은 역사의 소명에 따라 정치를 하고 있으니 내가 힘들다거나 가까운 사람들에게 고통을 안겨 준다고 해서 정치를 포기할 수 없다. 더욱이 기득권 가짜 진보패거리들이 인간해방과 역방향으로 질주하고 있는 지금의 이 나라, 이 시대 상황을 그대로 묵과할 수 없다.

문재인 정권은 '수구적 사이비 진보', '전체주의 독재 정권'이다. 이 정권 사람들은 시대착오적 사이비 진보이념인 사회주의의 미몽, 망상에 빠져 있다. 사회주의의 기본은 평등사상이다. 노동자, 농민, 빈곤층을 위한다는데, 흉내만 내다보니 결국 빈곤층이 더 어려워졌다. 민노총? 민노총이 빈곤한 노동자인가. 기득권 세력이다. 이 정권은 빈곤층과 저임금 노동자를 위한다며 최저임금 인상했다. 실상은 최저임금 언저리 노동자들만 대거 실직해서 더 고통을 겪고 있다. 비정규직 철폐? 인천공항공사 비정규직만 정규직화 하면 되겠는가? 나머지는? 평등을 외치면서 불공정을 낳았다. 나는 문재인이 대통령 후보였던 때부터 반대했다. 그 이유는 첫째, 그는 실패한 정권의 실세였다는 것이다. 문 대통령은 실패한 노무현 정부의 대통령 비서실장이었다. 그리고 노 대통령은 가족의 부정부패로 스스로 목숨을 끊었다. 그 부정부패를 감시해야 할 사람이 누구였나. 당시 민정수석비서관이던 문재인이다. 실패한 정권의 실세, 권력형 부정부패의 원흉에게 '국정운영 잘하라, 부정부패 없애달라'는 게 말이 되나.

둘째, 1984년에 이 사람을 만났는데 정치할 사람이 전혀 아니었다. 이 때 민통련을 조직하려고 전국을 돈 적이 있다. 부산에 갔을 때 후배 하나가 '학생운동 전력이 있는 변호사가 있다'며 문재인 변호사를 소개시켜서 만났다. 같이하자 했더니 "선배님, 저는 관여하지 않겠습니다."는 답을 하더라. 어지간하면 한 번 더 제안했을 텐데, '깜'이 안 됐다. 두 번 다시 말할 필요를 못 느꼈다. 생김새나, 하는 말로 보나, 뭐로 보나, 정말로 민주화운동을 하지 않을 사람이구나 싶어서... 실제로 안 했고.

문재인은 운동권 콤플렉스가 있는 사람이다. 그는 학생 데모를 잠깐 했을 뿐이지, 민주화운동을 제대로 한 사람이 아니다. 그래서 여기도 '응', 저기도 '응' 하니까 온갖 군데 '적폐청산위원회'가 생겼지 않나. 정부 부처, 공기업에 200개가 넘는 적폐청산팀을 만들었다. 지금 보니까 박근혜를 대통령에서 탄핵 되게 한 최순실이 이 정권에는 열 명이 아니라 수십, 수백 명이다.이 얘길 하면, '그래도 문재인은 인권변호사 아니었나'라고 하는데, 그는 인권변호사가 아니었다. 1987년 6월 항쟁 이전에는 시국사건이나 노동변론을 안 했다. 6월 항쟁 이후 민주화되면서 시국 사건과 노동 사건들이 터져 나왔는데, 그때 돈을 받고 사건들을 맡았는지 모르나, 군사독재시절의 인권변호사 역할을 한 건 아니다. 부산지역의 대표적인 민주화 사건인 부림사건(1981년)도 안 맡았는데 무슨 인권변호사인가?

여당인 더불어민주당이 사회주의, 운동권 코스프레 하는 동안 거기에 들러리 서주는 국민의힘의 참회와 변화도 시급한 문제다. 문재인 정권의 악폐 중 하나인 공수처장 추천을 왜 하나. 내가 하면 안 된다고 했더니 '추천 안하면 (여당에서는) 법을 개정해서라도 추진할 것'이라더라. 그게 이유가 되나? 아니, 법 개정하라면 하라지. 결국 정권이 하자는 대로 다 따라가고 있다. 야당이 주장해서 바꿔낸 게 하나도 없다.

이 나라의 기존 정치세력이 이렇게 지탄받는데 왜 국민적 지지를 받는 정치세력 하나 못 만들었을까, 나는 역사 앞에서 뭐라고 답할 건가 자문해봤다. 내가 무능해서 그런 거다. 사실 정치환경은 굉장히 좋은 거다. 기존 정당이 국민 지지를 받고 욕도 안 먹고 잘하면 새로운 정당을 만들 필요가 없잖은가. 그렇지 않으니 신당창당이니 제 3지대 대선후보니 등 기득 제도권 정당 이외의 대안들이 터져 나오는 것이 당연하다."

마르크스·레닌주의나 북한 주체사상 '망령'... '진보의 수치'

장기표는 현 문재인 정권의 주력인 586 학생운동권 출신들에 대한 분노도 구체적으로 쏟아낸다.

"자칭 진보세력의 경우 80년대에는 시대상황에 짓눌려 그랬다 치더라도 지금은 그러지 않아야 하겠는데 아직도 마르크스·레닌주의의 망령이나 북한 주체사상에 벗어나지 못하고 있으니 진보의 수치가 아닐 수 없다. 나는 일찍이 운동권내 팽배했던 오류, 즉 '3대 이념편향'과

'3대 콤플렉스'를 강하게 비판했는데, 현 문재인 정권을 좌지우지 하고 있는 586 운동권 출신들에게선 답이 안보인다.

특히 북한을 추종하는 선을 넘어 맹종, 복종하는 식의 문재인 정권 행태는 진정한 의미의 남북화해, 남북교류, 민족통일이라는 민족적 숙원을 오히려 방해하고 후퇴시키는 것이다. 당연히 북한에도 도움이 안 되고, 남한에는 더더욱 파멸적 퇴보만 불러일으킬 뿐이다."

장기표는 이런 폐해를 극복하는 현실적 처방은 다음 대선에서 '기득권 가짜진보 패거리'들의 정권 연장을 막는 길이라고 직격한다. 이와 함께 이 시대, 세계적 대변화를 새로운 문명시대의 도래로 보고 이에 맞는 인간해방의 이념, 곧 자아실현의 보람과 기쁨을 누리게 할 이념과 정책을 내세운 정치세력의 집권만이 이 나라의 진정한 '진보'의 길이라는 장기표의 확신이 역동하고 있다.

"1987년 6월 항쟁에서 승리할 수 있었던 건 그 당시 양김이라는 집권대체세력이 있었기 때문이다. 그에 비해 1991년 강경대 사건 때는 6월 항쟁에 버금갈 정도로 민중투쟁이 치열했는데도 민중운동이 승리하기는커녕 크게 쇠락한 것은 집권대체세력이 없었기 때문이었다. 그 어떤 전략, 전술보다 국민에게 희망을 줄 집권대체세력이 있게 하는 게 중요했다.

국민에게 희망을 줄 집권대체세력이 없는 상태에서는 민중투쟁이 치열하면 치열할수록 민중운동역량은 더 약화될 뿐이라는 교훈을 민주화운동 과정에 절절하게 느꼈다. 그 교훈은 지금도 마찬가지다. 제1야당이든, 제 3지대 신당이든 국민의 믿음을 얻지 못하는 한 정권교체는 어려울 수밖에 없다. 굳이 진보정치세력이 아니더라도, 차선이나마 국민이 마음을 열고 다가올 수 있는 시대적 대의와 역량이 있는 세력으로 정권교체가 돼야 한다. 그래야 나라도 살고, 국민도 웃음을 되찾을 수 있다."

지나온 세월 그대로 흔들림 없이 그 길을 걷고, 그 숨을 쉰다

'진짜 진보'의 영원성에 일생을 내던지고 있는 장기표에겐 눈앞의 현실은 목숨 걸고 투쟁한 이전의 민주화운동 시절보다 더 엄혹하다. 과거에는 투쟁의 전선이 군부독재라는 단일화된 전선이었다. 그러나 현재는 군부독재의 후계라는 오명을 떨쳐버리지 못하고 있는 가짜보수 세력이라는 하나의 전선에다, 마르크스·레닌주의나 주체 사상의 수렁에서 헤어나지 못한 채 기득권의 단물에 헤메이는 586 운동권 중심 가짜진보 세력이라는 또 하나의 전선이 더해졌다. 장기표가 어깨에 실은 역사의 짐이 2배로 늘어나 있는 것이다.

장기표로선 강고한 기득권 양대 세력의 어느 한쪽에서도 환영받기는커녕 공격의 대상이 안되면 차라리 다행이겠다 싶을 정도의 형국이다. 하지만 이 또한 학생운동권 시절부터 "세상을 바꿔야 한다"는 일념으로 고행을 자초한 삶의 연속성이다. 그러니 '고독'도, '외로움'도,

그 어떤 '고난'도 장기표의 꿈에 걸림돌로 끼어들 틈이 없어 보인다. 장기표에게 오직 역동하는 것은 '자유의지'와 '자아실현' '인간해방'을 향한 대장정의 걸음과 숨이다.

지금 이 순간.

장기표는 지나온 세월 그대로 흔들림 없이 그 길을 걷고, 그 숨을 쉰다.

"나만큼 실패와 시련을 많이 겪은 사람은 보기 힘들 것이다. 그러면서도 나만큼 자신감과 사명감으로 충만해 있는 사람도 찾기 힘들 것이다. 왜? 본래 좀 불민한 때문이기도 하겠으나 그것보다는 내게는 꼭 이뤄야 할 꿈이 있고, 이 꿈을 이룰 수 있다는 확신이 있으며, 이 꿈을 이루기 위해 멈춤 없이 노력하는 열정이 있기 때문일 것이다."

10
장기표의 포효!
'이런 세상, 이런 국민' 對국민 메시지

 장기표는 '세상을 바꿔야 한다'는 어린 시절의 초심을 '자유의지', '자아 실현', '인간해방'의 3대 화두로 응축했다. 이를 통해 인류사 대전환의 정보문명 시대를 맞아 세상이, 이 나라 국민이 공명해야 할 이념과 정책을 체계적으로 정립해 내 놓았다. '꿈의 실현'을 향한 '장기표의 포효!'다.

모든 사람의 행복을 위한 내 꿈은 반드시 이루어야 한다!

 나에게는 꼭 이루어야 할 꿈이 있다. 모든 사람이 자유와 평화와 복지가 보장된 가운데 자기가 하고 싶은 일을 하면서 자아실현의 보람과 기쁨을 누리며 행복하게 살 수 있는 세상을 만드는 꿈이다.

이 꿈은 이루면 좋고 이루지 못해도 그만인 그런 꿈이 아니다. 이 꿈은 반드시 이루어야 할 꿈이다. 이 꿈을 이루지 못하면 우리나라는 물론 오늘 전 세계가 직면하고 있는 대량실업과 소득양극화, 환경파괴, 인간성 상실 등으로 사회는 붕괴하고 인생은 파탄하는 대재앙을 맞게 되어 있기 때문이다. 그래서 나의 이 꿈은 반드시 이루어야 한다.

 나는 이 꿈을 이루기 위해 민주화운동과 정치활동을 해오면서 엄청난 고난과 시련을 겪었다. 그런데다 나이도 70대 중반을 넘겼다. 그럼에도 불구하고 이 꿈의 실현을 단념하지 못하는 것은 내가 아니고는 이 꿈을 이룰 사람이 없어 보이기 때문이다. 나는 이 꿈을 이룰 사상과 이념 및 정책을 정립해두고 있지만 나 이외에 다른 사람은 이런 사상과 이념 및 정책을 정립해두고 있지 못한 것 같다.

2003년 민주세력의 독자정당인 한국사회민주당 대표 시절, 한국노총 노동자대회의 연단에 선 장기표가 대중을 향해 포효하고 있다.

혹 전 세계에는 탁월한 지식인과 전문가들이 대단히 많은데 어떻게 그것을 아는 사람이 없을까 하고 회의하는 사람이 있을 것이다. 그러나 내가 알기로는 전 세계의 어느 누구도 오늘 전 세계가 직면한 대량실업과 소득양극화, 환경파괴. 인간성 상실 등의 문제를 해결할 수 있는 방안을 내놓지 못하고 있다.

그런데도 왜 나는 그 방안을 알고 있다고 자부하게 되었는가? 나는 이것을 알 만한 삶을 살아오기도 했거니와, 한반도에서 민주화운동과 통일운동을 해온 사람한테서 이런 방안이 나오게 되어 있는데, 내가 그렇게 해온 사람이기 때문이다. 내가 어떤 삶을 살아왔고, 또 한반도에서 민주화운동과 통일운동을 한 사람한테서 왜 오늘의 사회 현안을 해결할 방안을 내놓을 수 있게 되었는지에 대해서는 뒤에서 밝히기로 한다.

〈어떤 나라가 되어야 모든 국민이 행복할 수 있을까?〉

모든 국민이 자아실현의 보람과 기쁨을 누리며 행복하게 살 수 있는 나라가 되려면 국가가 모든 국민의 기본생활 곧 의식주와 의료, 교육을 보장한 가운데 자기가 하고 싶은 일을 할 수 있게 해야 한다.

이것이 가능할까? 가능하다. 가능한 것만이 아니라, 이렇게 하지 않으면 오히려 세상살이가 굉장히 어렵게 되어 있다. 모든 사람이 행복하게 살 수 있는 기회가 왔는데 이 기회를 살려내지 못하면 세상살이는 지금보다 훨씬 더 어렵게 되어 있기 때문이다. 이것이 세상의 이치다. 위기는 기회이기도 하지만 기회는 위기이기도 하기 때문이다.

그런데 어떤 사상, 이념, 정책을 강구해야 모든 국민이 자아실현의 보람과 기쁨을 누리며 행복하게 살 수 있는 나라를 만들 수 있을까? 그렇게 하기 위해서는 오늘의 세계적 대변화를 문명의 전환 곧 인간의 궁극적 목표인 자아실현의 삶이 가능한 정보문명시대의 도래로 보는 역사의식에 기초해서 이를 이룰 수 있는 새로운 사상과 이념과 정책을 강구해야 한다.

이렇게 할 수 있는 새로운 사상과 이념과 정책의 내용을 밝히기 전에 왜 이전 시대의 사상과 이념과 정책과는 확연히 다른 새로운 사상과 이념과 정책이어야 나와야 하는지를 먼저 밝혀두고자 한다.

시대상황이 바뀌면 거기에 맞는 새로운 국가운영방안이 나와야 한다. 시대상황, 곧 사회적 조건이 완전히 바뀌었는데도 옛날식의 국가운영방법을 그대로 적용하면 그 사회는 붕괴하게 되어 있다. 사회적 조건이 바뀌었으면 사회운영방법을 바꿔야 한다. 산업의 정보화, 곧 사무자동화와 공장자동화로 대량실업이 구조화되는 시대가 도래했는데도 완전고용이 가능했던 시대의 국가운영방법을 고집해서는 실업문제를 해결할 수가 없다. 그리고 국내 일등 하는 제품이 세계시장까지 지배하게 됨으로써 소득양극화가 불가피한 시대를 맞고도 소득의 편차가 크지 않던 시대의 국가운영방안을 고집하면 소득양극화 문제는 해결할 수가 없다. 특히 모든 사람이 경제적 안정을 누리는 가운데 자기가 하고 싶은 일을 할 수 있는 시대를 맞고도 경제적 궁핍이 불가피하던 시대의 국가운영방안을 고집하면 오히려 더 큰 경제적 궁핍에 직면하게 된다.

그래서 새로운 세상이 도래했으면 거기에 맞는 새로운 국가운영방법과 삶의 영위방식을 강구해야 한다. 그렇게 하지 못하면 사회는 붕괴하고 인생은 파탄하게 되어 있다.

따라서 새로운 지식이 나와야 한다. 나는 오늘 이 시대의 사회과학 지식이 사회발전에 순기능을 하기보다 역기능을 하는 일이 더 많다고 생각한다. 특히 경제학이 그러하다.

경제학의 대전제는 자원은 유한한데 인간의 욕망은 무한하다는 것이다. 그런데 경제학의 이 대전제가 바뀌고 있다. 이제 인간의 욕망은 유한한데 자원은 무한한 시대가 되어가고 있기 때문이다. 그리고 생산된 상품의 가치는 그 상품을 생산하는 데 들어간 노동의 양에 의해 결정된다는 노동가치설도 붕괴되고 있다. 상품의 가치는 그 상품을 생산하는 데 들어간 정보의 양에 의해 결정되는 경우가 더 많기 때문이다. 흔히 자본주의 사회는 자본가와 노동자로 구성되어 있는 것으로 인식되어 왔으나, 이제 자본가도 다양한 계층으로 분화되고 노동자도 다양한 계층으로 분화되어 있다. '공짜 점심은 없다'는 것이 자본주의 시대의 경제학 원리로 인식되고 있는데 지금은 공짜 점심이 더 많은 시대가 되고 있다. 앞으로 제4차 산업혁명시대에는 빅 데이터가 굉장히 중요한데 빅 데이터의 데이터 제공자는 대부분 무료로 제공하고 그 사용자도 무료로 사용하게 된다. 그래서 경제학이 바뀌어야 한다.

그런데도 지난 시대 곧 산업문명시대 내지 자본주의시대의 이념과 정책을 그대로 고집하게 되면 사회발전과 인간행복에 역행하게 된다. 이러한 이념과 정책이 한둘이 아니다. 지금 정치권에서 채택되고 있는 거의 모든 정책이 다 그러하다. 내가 정보문명시대에 맞는 새로운 이념과 정책을 강구해야 한다고 강조하는 이유가 여기에 있다.

그러면 어떤 사상과 이념과 정책을 강구해야 모든 사람이 자유와 평화와 복지가 보장된 가운데 자기가 하고 싶은 일을 하면서 자아실현의 보람과 기쁨을 누리며 행복하게 살 수 있을까? 이에 관한 자세한 내용은 내가 쓴 '지구촌 시대 민족발전전략', '문명의 전환', '한국경제 이래야 산다', '문명의 전환 새로운 비전', '신문명 국가비전', '장기표의 행복정치론' 등에 밝혀 둔 바 있다. 여기서는 그 핵심적인 내용만 몇 가지 밝혀두고자 한다.

먼저 세계와 인간의 본질을 어떻게 보는가 하는 사상으로서의 세계관과 가치관, 인생관이 어떠해야 하는지를 보자.

산업문명시대까지의 세계관은 물질과 정신의 분리, 자연과 인간의 대립, 가진 자와 못 가진 자의 투쟁을 세계의 본질로 보는 대립과 투쟁의 이원적 세계관이 일반적으로 통용되었다. 그러나 정보문명시대의 세계관은 물질과 정신의 통일, 자연과 인간의 상생, 가진 자와 못 가진 자의 대동을 세계의 본질로 보는 통일과 상생의 일원적 세계관이 일반적으로 통용 되고 있다. 세계의 본질을 이렇게 보고 대처해야 사회도 발전하고 인간도 행복할 수 있게 되었다.

그리고 가치관의 경우 산업문명시대까지는 지배와 착취, 소유, 소비가 가치 있는 일 곧 기쁨의 원천이었다. 그러나 모든 사람이 행복할 수 있는 정보문명시대에는 그러한 가치관은 옳지 않게 되었다. 정보문명시대에는 창조와 생산, 봉사, 절제가 가치 있는 일 곧 기쁨의 원천이 되었고, 이런 가치관을 가져야 사회도 발전하고 자신도 행복할 수 있게 되었다.

인생관의 경우, 인간은 인간만이 가지고 있는 자유의지의 발현을 통해 자기가 하고 싶은 일을 함으로써 자아실현의 보람과 기쁨을 누릴 때 가장 행복할 수 있음을 알고 이렇게 되도록 노력하는 것이 인생이라고 보는 인생관을 가져야 한다.

〈자아실현의 행복을 누릴 정보문명시대의 이념과 정책〉

나는 정보문명시대의 이념으로 민주시장주의를 제창한 바 있다. 과학기술의 혁명적 발달로 한편으로는 사회적 생산력이 고도로 발전함으로써 물질적 풍요를 누릴 수 있게 되었고, 다른 한편으로는 정보통신수단의 획기적 발달로 정보와 지식의 보편화의 대중화가 이루어짐으로써 대중의 사회정치의식이 고양되었다. 이런 이유로 모든 사람이 자유와 평화와 복지가 보장된 가운데 자아실현의 보람과 기쁨을 누려 행복하게 살 수 있게 되었다. 그런데 이렇게 할 수 있으려면 내가 제창한 민주시장주의를 강구해야 한다는 것이다.

민주시장주의의 핵심적 내용은 대중이 사회발전의 주체가 되는 민주주의를 채택해야 하는 것은 물론 인간의 활동에 가장 중요한 경제활동 곧 생산, 유통, 소비 등 경제활동이 시장경제의 원리에 따라야 한다는 것을 알게 되었다. 그래서 자아실현의 시대가 될 정보문명시대의 이념으로 민주시장주의를 주창한 바, 그 내용은 내가 쓴 책에 있기 때문에 여기서는 그 원리와 대원칙의 핵심만 밝혀둔다

1. 민주시장주의의 기본원리

민주시장주의는 정보문명시대를 맞아 인간의 궁극적 목표인 자유와 평화와 복지가 보장된 가운데 자아실현의 보람과 기쁨을 누리며 행복하게 살 수 있게 하려면 인간을 우주 내지 자연의 한 부분으로 보거나 인간 개개인을 하나의 소우주로 보는 세계관이 바탕이 돼야 한다는 이념이다. 즉 인간의 삶도 자연의 순환질서에 따라서 이루어지게 함으로써 인간의 궁극적 목표인 자아실현의 삶을 살 수 있게 하려는 이념이다. 그래서 민주시장주의는 자연의 순환질서를 기본원리로 하고 있다. 인간은 자연의 순환질서 곧 자연의 이법에 따라서 살되 동물적 본능에 따라 그렇게 사는 것이 아니라 인간의 자유의지에 따라서 그렇게 살아야 한다는 것이다.

인간이 자유의지로 자연의 순환질서에 따라 산다면 그것은 어떤 원리에 기초하고 있을까? 그것은 자율, 상생, 순환, 조정이 되리라고 본다. 즉 자신의 문제는 자신의 자주적인 판단에 따라 행동하고, 다른 존재와의 관계에서는 다른 존재와 상생하며, 모든 삶은 자연의 순환질서에 맞도록 하고, 그렇게 하는데도 자연의 순환질서에 어긋날 때는 조정을 통해 자연의 순환질서에 맞게 해야 한다는 것이다.

그래서 민주시장주의는 자연의 순환질서인 자율, 상생, 순환, 조정을 기본원리로 하고 있으며, 이 기본원리는 개인의 삶에서도 적용되어야 할 원리이지만 사회의 운영에서도 적용되어야 한다.

2. 민주시장주의의 기본원칙

자유와 평화와 복지가 보장된 가운데 자아실현의 삶을 살 수 있게 하려면 삶의 영위와 사회운영의 기본원칙이 있어야 한다. 따라서 다음과 같은 기본원칙이 있어야 하리라고 본다. 즉 공동체민주주의, 민주적 시장경제, 노동보람주의, 국가복지주의, 생태주의, 비폭력조정주의가 그것이다.

공동체민주주의란 인간이 생활하는 모든 공동체의 운영을 그 공동체 구성원의 민주적 결정에 따르는 것을 말한다.

민주적 시장경제란 생산, 유통, 소비 등의 경제행위가 수요와 공급이 자유로운 시장을 통해 이루어지게 하되, 시장의 기능을 파괴하거나 국민경제의 건전한 운용을 침해하는 독점, 사기, 환경, 보건, 안전 등과 관련한 문제와 분배와 관련한 문제에 대해서는 국민의 민주적 합의에 따라 통제를 가할 수 있게 하는 경제체제를 말한다.

노동보람주의란 인간의 진정한 행복은 자아실현의 노동 속에 있음을 알고 한편으로는 이것이 이루지게 하는 사회경제체제를 수립함과 더불어, 다른 한편으로는 이것을 생활 속에서 실천하는 것을 의미한다.

국가복지주의란 국가가 사회보장제도를 확립해서 국민의 복지를 보장하는 것을 의미한다. 즉 국가가 국민으로 하여금 경제적으로나 정치사회적으로 궁핍함이나 불안함이 없이 안심하고 살 수 있도록 해 주는 것을 의미한다.

생태주의란 자연의 순환질서에 따라 사회를 운영하고 삶을 영위하는 것을 말한다.

비폭력조정주의란 자기의 의사를 관철하기 위해서 상대방에게 폭력이나 강압적 수단을 사용하는 일이 없이 토론과 협의를 통해 쌍방이 납득할 수 있도록 상호 조정해 나가는 것을 의미한다. 그리고 이것은 법치주의를 확립하는 것이기도 하다.

3. 자아실현의 보람과 기쁨을 누리게 할 민주시장주의 중요정책

정책은 분야에 따라 다양하기도 하지만 시대상황의 변화에 따라 끊임없이 변화한다. 그래서 그 구체적인 내용은 앞에서 밝힌 책에서 밝힌 바 있다.

그래서 여기서는 자아실현의 보람과 기쁨을 누릴 수 있게 하는데 가장 중요한 정책 두 가지만 밝혀두고자 한다.

첫째, 모든 국민의 기본생활 곧 의식주와 의료, 교육을 국가가 보장하는 사회보장제도를 확립해야 한다는 것이다.

기본생활 곧 의식주와 의료, 교육이 보장되어야 마음 놓고 자기가 하고 싶은 일을 함으로써 자아실현의 보람과 기쁨을 누릴 수 있다.

그런데 모든 국민의 기본생활을 국가가 보장할 수 있는 사회보장제도의 확립이 가능한가 하는 문제다. 즉 재정상 그것이 가능하겠느냐 하는 것이다.

충분히 가능하다. 국민의 기본생활을 보장할 재정이 충분할 뿐만 아니라 그것을 보장해야 사회가 유기적으로 돌아갈 수 있다. 산업의 정보화로 대량실업과 소득양극화가 구조화되어 20대 80의 사회 내지 1대 99의 사회가 될 수 있기 때문에 이 경우에는 20% 또는 1%의 국민 얻은 소득의 상당 부분을 80% 또는 99%의 국민에게 나누어주는 사회보장제도를 확립해야 20% 또는 1%의 부유층도 그들이 얻는 부를 계속해 얻을 수 있기 때문에 더욱더 그렇다.

돈이 없어서 사회보장제도를 확립하지 못하는 것이 전혀 아니다. 돈을 절약하기 위해서도 사회보장제도를 확립해야한다.

모든 국민의 기본생활을 국가가 보장하게 되면 일을 하지 않으려는 사람이 생길 것 아니냐고 걱정하는 사람들이 많다. 그런 사람이 전혀 없지는 않겠거니와 앞으로는 어차피 일을 하지 않으려는 사람이 많아도 상관없게 되어 있다. 생산력의 고도화로 노동인력이 크게 줄게 되어 있기 때문이다.

국가가 보장하는 기본생활은 생존에 필요한 최소한에 그칠 필요가 있다. 자아실현을 통해 자신이 필요로 하는 재화와 용액을 확보하는 것이 그의 행복에 도움이 되기 때문이다.

둘째, 인간의 행복에 가장 중요한 것이 인간의 노동 곧 생산활동인데, 산업의 정보화로 노동할 수 있는 기회를 얻기가 대단히 어렵게 되어 있다. '노동의 종말'시대가 왔다는 말까지 나오고 있으니 더 말할 필요가 없다

그래서 국가가 모든 국민에게 노동의 기회를 제공해야 한다. 그것

이 비록 생산적인 활동이 아니더라도 무언가 활동을 통해 소득을 올릴 수 있는 기회를 제공할 필요가 있다. 그래서 인간의 근본적 특징인 자유의지의 발현을 통해 자기가 하고 싶은 일을 하면서 자아실현의 보람과 기쁨을 누려 행복할 수 있기 때문이다.

그래서 현재와 같은 상황에서는 법정최저임금 수준의 공공근로를 500만개 이상 공급해서 일을 하고 싶은 사람은 누구나 일할 수 있는 기회를 가질 수 있게 해야 한다. 그 일이 비록 생산적인 활동이 아니더라도 상관없다. 사회봉사활동일 수도 있고, 심지어 놀이나 학습일 수도 있다.

〈왜 자아실현이 가능한 시대가 왔다고 보는가〉

나는 인간이 누릴 수 있는 최상의 행복인 자아실현이 가능한 시대가 왔다고 보는데, 왜 그렇다고 볼까?

자아실현을 달리 표현하면 인간해방이니 정보 문명시대는 인간해방의 시대라고 할 수 있다. 인간해방은 인간이 누릴 수 있는 최상의 행복인데 이 용어는 마르크스주의에서 썼던 용어이기도 하고 또 자아실현 보다는 어려운 용어이기도 해서 자아실현이란 말을 쓰게 되었다. 그리고 마르크스 시대에는 자연을 오직 착취나 이용의 대상으로만 생각하면서 인간만의 해법을 추구했는데 지금은 자연에 대한 훼손이 없이 자연도 자연 본래의 모습을 유지하도록 하면서 인간의 해방된 삶을 추구해야 하겠기 때문에 인간해방이란 용어보다는 자아실현이란 용어가 적합한 것으로 생각되었다.

〈왜 정보문명시대에는 자아실현이 가능할까〉

자연과학, 곧 과학과 기술들이 혁명적으로 발달했기 때문이다. 인류의 역사는 자연과학의 발달에 따라 발달해 왔는데, 지금은 자연과학, 과학과 기술이 '첨단'까지 발달했기 때문에 인류의 역사도 최고단계인 자아실현 시대까지 발달하게 된 것이다. 첨단의 한자어는 尖端인데 이것은 끝尖 끝端, 곧 최고의 단계까지 발달했음을 의미한다. 그래서 인류의 역사도 최고의 단계 곧 자아실현의 시대까지 발달했다고 보는 것이다.

과학기술의 혁명적 발달로 인간의 행복한 삶에 필요한 물질적 조건은 충족하고도 남게 되었거니와 정보통신수단의 획기적 발달로 인간의 사회정치의식도 최고의 단계까지 발달 했다는 것이다.

그런데 제4차 산업혁명으로도 불리는 인공지능(AI), 사물인터넷(IoT), 3D 프린팅, 빅 데이터 등은 인간의 행복한 삶 곧 자아실현에 필요한 물질적 조건을 제공하는 것을 넘어 인간의 신의 영역까지 도달하게 할 것이라는 예측이 있다. 유발 하라리 교수가 '호모데우스'라는 책에서 이런 예측을 했는데, 인간이 영생, 행복, 신성을 확보하게 됨으로써 신의 영역에 이른다는 것이다.

다른 한편으로 인공지능(AI)이 딥러닝을 통해 초인공지능이 되어 인간을 능가하면서 인간을 멸망시킬 수도 있는 포스트 휴먼(Post Humman)이 등장하리라는 예측이 있다. 그래서 호모 사피엔스로서의 현생 인류는 지구를 탈출해야 한다는 주장도 있다.

나는 인간이 신이 되거나 인간이 인간 아닌 포스트휴먼이 되어 인간이 파멸되는 일은 없으리라고 본다. 그러기보다 인간 최고의 행복인 자아실현을 구현해서 모든 사람이 행복하게 살게 되리라고 본다. 다만 모든 사람이 자아실현의 행복을 누릴 수 있는 시대를 맞이하고서도 그렇게 하지 못하면 사회가 붕괴되고 인생이 파탄하게 될 것이다.

요컨대 인간 최고의 행복인 자아실현의 행복을 누릴 수 있는 자아실현의 시대가 도래한 것이다.

〈왜 나는 자아실현의 이념을 알고 있다고 자부하는가〉

나는 자아실현의 시대가 왔고 자아실현의 행복을 이룰 방안으로서의 새로운 사상과 이념 및 정책을 알고 있다고 자부하는데, 왜 그렇다고 자부하는지를 밝혀 보고자 한다.

나는 아주 어려서부터 모든 사람이 행복하게 살 수 있는 세상이 되었으면 하고 간절한 마음으로 바랐었고, 그래서 그런 세상을 만들겠다는 의지로 70년 가까이 살아왔는데 이런 사람이 나 이외에는 있기 어려울 것 같기 때문이다.

그리고 나는 그러면서 지식정보사회에 대한 서적을 많이 읽고서 모든 사람이 자아실현의 행복을 누릴 수 있는 시대가 왔다고 보고 그렇게 할 수 있는 방안을 확립하게 되었기 때문이다.

나는 엘빈 토플러의 책인 제 3의 물결, 미래쇼크, 권력이동이란 책을 읽고서 일찍부터 정보사회의 특징에 대해 내 나름대로 깊이 알게 되었다. 특히 '권력이동'을 읽고서 대중주체의 시대가 열렸고, 이것은 자기가 하는 일에서 보람과 기쁨을 얻는 자아실현의 시대가 열렸음을 의미한다는 점을 알게 되었다. 토플러는 정보사회의 연구를 통해 경영혁신의 방안을 제시했지만, 나는 토플러의 책을 통해 인간이 누릴 수 있는 최상의 행복인 자아실현의 삶을 살 수 있게 할 이념을 정립하게 되었다.

그런데 특히 내가 자아실현의 방안으로서의 신문명 사상과 이념, 정책을 정립할 수 있게 된 것은 내가 한반도에서 민주화운동과 통일운동을 해왔기 때문이라고 생각한다. 즉 자아실현의 시대가 될 21세기 전 세계가 나아갈 방향으로서의 새로운 사상과 이념과 정책이 한반도에서 나오게 되어 있는데, 한반도에서 민주화운동과 통일운동을 해온 사람 가운데 내가 거의 유일하게 그 일에 매진해 왔기 때문이다.

20세기는 전 세계가 이념적으로 대립해있던 이념대립의 시대였는데 이 이념대립으로 말미암아 가장 큰 고통을 겪은 곳이 한반도였다. 한반도는 이념대립 때문에 남과 북으로 갈라져 남은 남대로 북은

북대로 이념문제로 엄청난 고통을 겪었거니와 심지어 이념대립으로 6.25전쟁까지 치루었으니 그 고통이 이루 말할 수 없었다.

고통의 해결책은 고통을 가장 많이 겪은 곳에서 나오는 것이 세상의 이치인지라, 이념대립으로 가장 많은 고통을 겪은 한반도에서 이념대립을 극복할 새로운 이념이 나오는 것이 당연하다고 보았다.

한반도에서 이념대립을 극복할 새로운 이념이 나오게 되어 있다고 해서 아무한테서나 나올 수 있는 것은 아니다. 이런 문제로 치열하게 고민하고 또 이념대립을 극복할 새로운 이념의 정립을 위해 노력해 온 사람한테서 나오는 것이 당연하다. 이러한 점에서 볼 때 나한테서 그러한 이념이 나오는 것은 너무나 당연하다고 생각한다. 나는 그러한 이념을 정립하기 위해 엄청나게 노력해왔기 때문이다.

나는 한국의 운동권을 휩쓸었던 마르크스-레닌주의로서의 사회주의(공산주의)와 주체사상에 한 번도 경도된 일이 없다. 나는 민주화운동을 하던 초기부터 새로운 이념이 정립되어야 한다고 보았거니와, 특히 1980년 중반부터 교조주의로부터 벗어나야 한다고 주장하면서 민중주체민주주의라는 새로운 이념을 제시했다. 그것이 발전하여 대중주체민주주의, 녹색사회민주주의를 거쳐 민주시장주의를 정립하게 되었다.

그런데 내가 주창한 민주시장주의 이외에는 자아실현의 이념, 곧 인간해방의 이념은 전 세계적으로 없는 것으로 안다. 마르크스레닌주의로서의 사회주의(공산주의)가 인간해방의 이념으로 간주되어 왔으나 1990년대 초 동유럽 공산주의 국가들이 붕괴하면서 인간해방의 이념으로 간주되어 온 사회주의(공산주의) 자체가 붕괴되었고 그 이후에는 인간해방의 이념을 추구하는 정치세력이나 지식인도 없어졌다.

이런 점에서 전 세계에서 나만이 인간해방, 곧 자아실현을 구현할 수 있는 이념인 민주시장주의를 제시해 놓고서 이를 구현하기 위해 정치활동을 하고 있다고 볼 수 있다.

무엇보다 서유럽 국가들은 본래 인간해방의 사회를 건설하기 위해 사회민주주의를 채택했었다. 그러나 서유럽 사회민주주의 정당들은 1951년 프랑크푸르트 선언을 채택한 이후 이론적으로도 인간해방을 포기하고 자본주의 체제에 사회복지를 강화하는 방향으로 선회했었다.

그 후 인간해방, 곧 자아실현이 요구되는 정보문명시대를 맞아 내가 주장하는 것처럼 자아실현을 구현하는 방향으로 사회민주주의를 수정 보완했어야 하는데 그렇게 하지 못하니 쇠퇴하게 되었다. 각국의 사회민주주의 정당들이 쇠퇴하는 이유가 바로 여기에 있다.

나는 많은 부분에서 사회민주주의와 유사한 민주시장주의(녹색사회민주주의)를 주장하는데 민주시장주의는 사회민주주의에 자아실현과 생태주의를 결합한 것이다. 자아실현, 곧 인간해방을 배제한 사회민주주의와는 대단히 다르다.

아무튼 서유럽 사회민주주의 정당들이 사회민주주의에 자아실현과 생태주의를 보완했다면 쇠퇴하지 않고 오히려 정보문명시대를 주도하는 정당들이 되었을 텐데 그러지 못했다.

이처럼 내가 주장하는 민주시장주의는 세계적으로 유례가 없을 만큼 독창적이고 탁월한 이념이기에 나는 이 이념의 구현을 단념할 수 없는 것이다.

〈민주시장주의의 정립과 구현을 위한 나의 삶과 투쟁〉

나는 아주 어릴 때 우리 집이나 이웃집 또는 우리 마을에서 일어나는 일들을 보면서 '사람이 저렇게 살아서야 되겠나'라고 생각하면서, '이런 세상은 바꾸어야 한다'는 생각을 해 왔고 그것이 지금까지 계속되고 있다.

이런 생각을 하게 된 것은 무엇보다 가난에서 오는 고통이 가장 크기 때문이었다. 가난은 먹거리에서만 인간을 고통스럽게 하는 것이 아니라 인간 상호간의 관계를 비인간적으로 만들었다. 특히 형제와 친척들끼리 이해관계 때문에 다투는 것을 보면서 이런 삶을 살아서는 안 된다는 생각을 강하게 했다.

그런데 이런 생각이 '세상을 바꾸어야 한다'는 생각으로 발전하는

데는 아버지의 영향이 컸다. 아버지는 산골 동네에서 접장을 하셨는데, 천자문과 명심보감을 주로 가르쳤는데 그때 성현들의 가르침을 무척 강조하셨다. 거기에다 유방과 항우, 사명당의 지혜와 신통술을 자주 말씀해서 영웅이 되면 세상을 바꿀 수 있겠구나 하는 생각을 많이 하게 되었다.

70년 전의 일을 이렇게 되새기는 것은 내가 생각해도 신기하기 때문이다. 70년에 생각했던 것을 지금까지 단 한 번도 포기하지 않고 그대로 간직해 왔으니 내가 생각해도 대단하다는 생각이 들기 때문이다. 더욱이 엄청난 고난을 겪으면서도 말이다.

나는 세상을 바꾸기 위해 노력하는 과정에서, 그리고 자아실현의 민주시장주의를 정립하고 이를 구현하기 위해 노력하는 과정에서 온갖 고난과 시련을 다 겪었다. 1970년대와 1980년대, 그리고 1990년대 초반까지는 구속과 수배의 연속이었으며 구속될 때는 고문이 더 힘들었다. 구속과 수배가 아닌 때에도 밤새워 논쟁한 일도 엄청나게 많았고 힘든 일이었다. 시위현장에 나가는 때는 생명을 걸다시피 한 때가 대단히 많았다. 죽고 싶어서 죽는 것이 아니라 최루탄과 돌멩이가 난무하니 죽지 않으리라는 보장이 전혀 없었다.

구속과 수배, 그리고 고문도 힘들었지만 경제적 궁핍도 대단히 힘들었다. 평생 취직 한 번 한 일이 없이, 그래서 월급봉투를 한 번도 받아본 일이 없이 돈 쓰는 일만 해왔으니 생활이 어려운 것은 너무나 당연했다. 거기에다 선거에 출마했다가 낙선했을 때의 어려움은 이루 말할 수 없었다. 본래 당선되기 어려운 선거에 나서서 낙선한 것이지만 선거에서 낙선한 다음에는 경제적으로도 대단히 어려웠다. 선거에서 낙선한 사람을 두고 흔히 패가망신했다고 하는데 패가망신을 7번이나 했으니 그 어려움이 얼마나 컸겠는가?

이런 어려움을 굳이 거론하는 것은 이런 어려움에도 불구하고 세상을 바꾸는 일, 모든 사람이 자아실현의 보람과 기쁨을 누리며 행복하게 살 수 있는 나라를 건설하는 활동을 멈출 수 없었음을 말하고 싶어서다. 내가 아니고는 그렇게 할 수 있는 사상과 이념과 정책을 정립해 두고 있는 사람이 없어 보이기 때문이다.

지금 세상이 난장판이다. 경제적 어려움보다 인간 상호간의 갈등과 증오, 이에 따른 범죄가 더 문제다. 우리나라의 경우 경제력이 세계 10위권에 드는데도 자살률이 세계 제 1위이고 국민행복지수는 세계 50위 정도다. 최근에는 아동학대가 빈발하고 있고 심지어 자녀학대까지 자주 발생하고 있다. 이런 세상을 어떻게 사람이 사는 세상이라고 말 할 수 있는가? 세상을 바꿔야 한다는 생각을 하지 않을 수 없다.

그런데 당장 고통스러운 것도 문제지만 앞으로 나아질 희망이 없는 것이 더 큰 문제다. 스마트 사회니 제 4차 산업혁명이니 하지만 이러한 것은 분명 인간을 엄청나게 편하게 하는 것은 물론이고 심지어 인간이 신의 영역에 도달하게 할 것 같지만 이러한 것 때문에 인간이 더

행복한 것이 아니라 더 불안한 것이 현실이다

그런데 우리나라만 이런 것이 아니다. 정도와 내용에 약간의 차이는 있지만 고통스럽고 불안하기는 마찬가지다. 세상이 하루가 다르게 발전하는 것 같지만, 이것이 인간을 행복하게 할 것으로 믿는 사람은 별로 없다.

결국 정치가 이에 대한 해법을 내놓아야 하는데 헛소리만 하고 있다. 무엇보다 이기적 욕망을 채우는 데 급급할 뿐이다. 그것이 국민과 사회에만 해로운 것이 아니라 자기에게도 해로운데도 말이다. 도대체 어떻게 사는 것이 행복한지를 모른다. 국민만 모르는 것이 아니라 사회지도층 인사들도 모른다. 아니 사회지도층만 이기적 탐욕을 채우기 위해 발버둥치는 것이 아니라 국민들도 마찬가지다. 그야말로 세상을 바꿔야 한다.

나, 장기표가 내놓은 신문명이념으로서의 민주시장주의와 이에 기초한 신문명정책은 이러한 문제를 해결하기 위한 탁월한 방안이다. 어찌 세상을 바꾸기 위해 온몸으로 노력하지 않을 수 있겠는가?

나는 어느 언론과의 언터뷰에서 '나는 내 뜻을 이루기 전에는 늙지도 죽지도 않는다'고 농담삼아 말 한 일이 있는데, 농담이 아니라 진담이다. 나는 이런 결의로 정치활동을 하고 있으니 말이다.

나의 이런 결의를 이렇게 표현한 바 있다.

'인간해방 이루라는 역사의 소명따라
온갖 노력 다했건만 아직도 못이뤘네
아무리 어렵다 해도 이루고야 말리라.'

[장기표의 신문명 국가비전]

1. 자아실현의 행복을 누릴 신문명국가비전

1) 모든 국민에게 자유와 평화와 복지가 보장된 가운데 누구나 자기가 하고 싶은 일을 하면서 자아실현의 보람과 기쁨을 누리며 행복하게 살 수 있는 나라 - 자아실현의 행복국가.

2) 홍익인간 이화세계의 건국이념과 동방예의지국의 전통으로 세계적 모범국가를 건설해서 전 세계의 발전을 선도하는 나라
   - 세계의 발전을 선도하는 모범국가.

3) 민족통일로 아시아 태평양 지역의 중심국가가 되어 전 세계의 평화와 번영에 기여하는 나라
   - 세계평화와 인류공영에 기여하는 통일한국.

2. 어떤 나라를 만들 것인가?

1) 의식주와 의료, 교육 등 인간으로서의 기본생활을 국가가 보장하는 나라.

- 모든 국민의 기본생활을 보장하는 사회보장제도의 확립 - 최저생계비 이하의 국민에게는 부족분을 국가가 지급함.(기초생활수급자 + 차상위계층)
- 의료비의 15%만 본인이 부담하고 나머지는 국민건강보험이 부담.(개인 부담의 상한은 200만원 또는 소득의 5%로 함)
- 유치원부터 대학까지 무상교육.
- 모든 국민이 자기 집을 가질 수 있게 함.

2) 누구나 자기가 하고 싶은 일을 하면서 자아실현의 보람과 기쁨을 누리며 행복하게 살 수 있는 나라.

- 이를 위해 일을 하고자 하는 국민에게는 국가가 공공근로를 무제한 공급함. 일을 해야 자아실현의 보람과 기쁨을 누리며 행복하게 살 수 있기 때문임.
- 국가는 공공근로를 통해 노인과 장애인 보호, 산림육성, 환경정화 등에 활용하고, 마땅히 할 일이 없는 경우에는 교양교육(강연, 영화, 놀이 등)을 받게 함.
- 모든 국민은 노동이나 활동을 하면서 생계도 유지하고 자아실현도 할 수 있게 함.

3) 국가균형발전을 통해 수도권 과밀 해소 및 지방의 활성화.

- 지방의 교육과 산업을 육성해서 수도권으로 인구가 몰려들지 않게 해야 함. 지방 소재의 각급 학교에 시설을 확충하는 것은 물론 교사와 교수에게 지방근무수당을 연봉의 30%를 지급하고, 지방학교의 학생에게는 기본교재는 정부에서 제공함. 그래서 자녀 교육 때문에 수도권으로 오는 것이 아니라 오히려 지방에 있게 함.
- 지방 소재 기업에 대해서는 법인세와 부가가치세 등을 50% 감면함.
- 지방에 기업을 설립하거나 지방으로 기업을 이전하는 기업에 대해서는 법인세와 부가가치세를 10년간 면제하고 그 후는 50% 감면함.

4) 산과 강, 바다, 하늘 등이 오염되지 않고 미세먼지가 없는 청정한 환경에서 자연경관을 즐기며 자연의 순환질서를 따라 살 수 있는 나라.
- 과잉생산과 과잉소비가 없도록 노력함.
- 생활폐기물이나 축산폐기물의 처리시설 현대화 등 환경보전을 위한 다양한 사업을 전개함.
- 탈원전정책 폐기하고 원자력발전소 건설 증대. 방사능폐기물 처리기술 개발.

5) 범죄와 갈등 등 사회불안이 없이 평화로운 가운데 서로 신뢰하고 협력하면서 인간적인 정을 나누며 살 수 있는 나라.
- 사회보장제도의 확립으로 경제적 이유로 범죄를 저지르는 일은 없게 함.

- 건전한 세계관과 가치관을 가질 수 있게 하는 교양교육 실시.

3. 자아실현의 행복국가를 위한 10대 중요정책

1) 국민기초생활보장법을 개정하여 최저생계비 이하의 모든 국민을 기초생활 수급자로 함.

2) 공공근로를 무제한 공급하여 모든 국민이 일을 할 수 있게 함.

3) 모든 국민이 자기 집을 가질 수 있게 함. - 25평 형 아파트를 보증금 7천만원, 월 임대료 60만원에 살 수 있게 하고 20년이 경과하면 소유권을 보장함

4) 기업에 인력운용의 자율성을 보장하여 신규채용을 많이 할 수 있게 함으로써 기업의 생산성을 높이고 청년실업과 비정규직 문제를 해결함.

5) 조세제도를 시대상황에 맞게 혁명적으로 개혁함. 초고득자의 세율은 크게 높임.

6) 지방학교에 대한 지원을 확대하고 지방 소재 기업에 특혜를 줌으로써 국가균형발전을 도모함. 이래야 주택문제도 해결할 수 있음.

7) 영농시설을 사회간접자본화하여 국가가 지원함으로써 농업생산량을 획기적으로 높임.

8) 행정구역을 인구 100만 명의 50개 광역자치시로 개편하고 지방자치를 강화함.

9) 법치주의를 엄격히 확립해서 불법행위로 인한 사회적 불안과 경제적 손실이 발생하지 않게 함.

10) 대통령, 장차관, 국회의원 등 정무직 공무원과 공기업 임원의 임금을 근로자 평균임금(2021년 350만원)으로 함.

4. 정보문명시대의 대한민국 발전목표

1) 복지국가(Welfare State).
2) 보람국가(Joyful Country).
3) 자립국가(Self-Supporting Country).
4) 민주국가(Democratic Country).
5) 환경국가(Environmental Country).
6) 문화국가(Cultural Country).
7) 안전국가(Safe Country).
8) 도덕국가(Moral Country).
9) 자주국가(Independent Country).
10) 평화국가(Peaceful Country).

5. 민주시장주의의 기본원리와 기본원칙
- 자아실현의 보람과 기쁨을 누리게 할 이념

1) 민주시장주의의 기본원리

자율 - 자신의 자주적인 판단에 따라 어떤 일을 하는 것.

상생 - 다른 존재와의 관계에서는 다른 존재와 상생하는 것.

순환 - 모든 삶은 자연의 순환질서에 맞도록 하는 것.

조정 - 자연의 순환질서에 어긋날 때는 자연의 순환질서에 맞게 조정하는 것.

2) 민주시장주의의 기본원칙

(1) 공동체민주주의 - 공동체 구성원의 민주적 결정에 따라 공동체를 운영함.

(2) 민주적 시장경제 - 시장경제의 원리에 따라 경제를 운용하되, 독점, 사기, 환경, 안전, 분배와 관련한 문제는 민주적 통제를 함.

(3) 노동보람주의 - 자기가 하는 일에서 자아실현의 보람과 기쁨을 누릴 수 있도록 사회경제체제를 수립함.

(4) 국가복지주의 - 의식주, 의료, 교육 등 국민의 기본생활을 국가가 보장함.

(5) 생태주의 - 자연의 순환질서에 따라 사회를 운영하고 삶을 영위함.

(6) 비폭력조정주의 - 이익이나 견해의 상충이 있을 때 폭력적 수단을 동원함이 없이 대화와 협의를 통해서 해결함.

6. 정보문명시대의 세계관과 가치관(사상)

1) 정보문명시대의 세계관

자율과 상생의 일원적 세계관 - 물질과 정신의 통일, 자연과 인간의 상생, 가진자와 못가진자의 대동을 세계의 본질로 봄.

(산업문명시대까지의 세계관 - 물질과 정신의 분리, 자연과 인간의 대립, 가진자와 못가진자의 투쟁을 세계의 본질로 봄.)

2) 정보문명시대의 가치관

창조, 생산, 봉사, 절제에서 보람과 기쁨을 얻는 가치관을 정립해야 함.(정보문명시대에는 자아실현에서 보람과 기쁨을 얻는 것이 가장 행복한 삶이기 때문. 산업문명시대까지는 소유, 지배, 착취, 소비에서 보람과 기쁨을 얻었는데, 이 때까지는 인간의 생활에 필요한 재화와 용역이 부족했기 때문)

'장기표는 장기표다!'
세상의 헌사(獻詞)

[문익환 목사]

- 1988년 장기표의 저서 [해방의 논리와 자주사상] 추천의 말, '이건 칼날이다'

"이건 그냥 글이 아니다. 글치고는 겨레의 몸부림과 아우성이 담겨 있는 글이다. 그러나 이건 그냥 몸부림이 아니다. 그냥 아우성이 아니다. 이건 명경지수(明鏡止水)로 맑은 양심의 몸부림이요 아우성이다. 그러나 이건 그냥 양심이 아니다. 이건 서릿발 날리는 푸른 양심이다. 아니, 그대로 칼날이다. 장기표는 60년대 70년대 80년대의 파란만장의 역사에 대고 간 날카로운 많은 칼 가운데서도 가장 무섭고 가장 날카로운 몇 안되는 칼이다. 이 칼들이 멀지 않아 신나는 칼춤을 출 날이 올 걸 우리는 믿는다.

[이소선 여사 / 전태일열사 어머니]
- 1988년 장기표의 저서 [해방의 논리와 자주사상] 축하의 말, '내가 겪은 장기표'

나는 지난 20여년 동안 수많은 사람들을 만나기도 하고 같이 살기도 하고, 보기도 하였지만 하원이 아빠(장기표)처럼 건전하고, 진실하고, 바르게 살려는 사람은 그가 처음이라고 생각한다. 1986년 2월에 하원이 엄마에게 그 무허가 집마저 팔자고 했다길래 나는 우리 집 가까이 에서 그가 떠나는 것을 아쉬워했는데 나중에 알고 보니 그는 자기가 사는 그 조그마한 보금자리마저 팔아서 어려운 민통련의 살림에 보태려고 했었다는 것이었다. 그가 감옥 안에서도 쉬지 않고 글을 써서 한 권의 책을 낸다기에 비록 그의 얼굴을 직접 보지는 못하지만 그립고 아쉬운 마음을 조금이나마 달래며 마음의 위로를 받으니 기쁘기 그지없다.

[유재천 한림대학교 부총장]
- 1998년 장기표의 저서 [국가파산을 막을 희망의 메시지 구국선언] 추천사, '문명전환기의 새로운 경세철학'

장기표라는 이름은 이 나라 학생운동, 노동운동, 민주화운동의 역사에 길이 기록될 우리의 자랑이다. 그는 이 나라 민주화운동의 상징적 인물이다. 그러나 장기표와의 만남이 계속됨에 따라 필자는 투사로서의 장기표라는 이미지 대신 걸출한 경세가를 발견했다.

장기표선생은 도덕주의자이기도 하다. 바로 이러한 그의 모습 또한 우리의 정치현실에 적응하기 힘든 까닭이기도 할 것이다. 그와 만나거나 그가 쓴 글을 읽다보면 장기표라는 사람이 구도자처럼 보인다. 자연과 인생을 담담한 마음으로 관조하고, 불의와 거짓에 대해 분노하면서도 인생과 세계에 대해 낙관하는 태도, 그러면서 섭리에 따른 삶을 강조하는 모습에서 그런 면모가 약여하다.

[김정남 김영삼 대통령 교육문화사회수석 비서관]
- 2016년 인물로 보는 한국 민주화운동사/이 사람을 보라, '인간해방을 위한 긴 여정 장기표'

장기표는 정치권에 독자적으로 진출해서 많은 실패를 거듭했다. 그를 오랫동안 지켜보았던 나는 그것이 참으로 안타까웠다. 나는 오늘 이 나라, 이 공동체를 놓고, "우리는 어디에 서 있으며 어디로 가고 있는가"를 놓고 장기표 만큼 자기의 경륜과 철학에 바탕해서 자신의 언어로 말할 수 있는 정치인이 과연 있는지 의문스럽다. 그는 진실로 온 몸으로 이 나라와 민족을 사랑하고, 그것이 서 있어야 할 모습과 가야 할 방향을 놓고 누구보다도 치열하게 고뇌한다. 편협한 민족주의에 빠지지 아니하고 어설픈 이데올로기 따위에 현혹되지 않는다. 우리가 가야 할 미래, 뻗어 나가야 할 세계에 대해서도 그만큼의 넓고 높은 안목을 갖춘 사람은 찾아보기 힘들다.

11
장기표와 '함께 걷다!' 관자의 동행

강화도 마니산 참성단, 어느 봄날에 휘적휘적
'사람 장기표'의 '가운데 마음자리'를 보려 하다

2021년 5월 어느 봄 날.
강화도 마니산 참성단을 향해 한 사나이가 휘적휘적 걸음을 뗀다.
검정색 바지, 남색 조끼, 보라색 격자무늬 남방, 흰색 운동화.
손에는 지팡이가 쥐어 있고, 등에는 배낭이 메어 있다.

키 1m 71cm, 몸무게 60kg의 날렵한 몸매, 군더더기가 없다.
그 얼굴을 본다.
'장기표'다.
그랬다.

이날 장기표는 한민족의 성산(聖山) 마니산(摩尼山)을 찾았다.

단군 성조(聖祖)가 하늘에 제(祭)를 올렸던 참성단(塹城壇)이 자리한 성스러운 산.

여기 이 자리에 장기표가 나타났다.

거친 숨소리 한번 안 내고 산을 오르내리는 그 누구!

'관자(觀者)'가 '장기표와의 동행'에 나섰다.

관자가 산 입구에서 예의, 여행길 '한국인의 전통 행동'을 안 참는다.

"장기표 선생님, 잠깐 포즈 한번 취해 주시죠."

"어 그럴까... "

장기표는 두말없이 포즈를 잡는다.

눈은 먼 곳을, 자세도 제법 폼 나게

사진을 많이 찍혀 본 모습이다.

하기야 그 긴 세월, 그 숱한 여정을 거쳤으니 당연한 것이겠지.

산을 오르기 시작한다.

관자가 '경계의 말'을 꺼낸다.

"선생님, 쉬엄쉬엄 가시게요."

올해 만 76세의 적잖은, 아니 솔직히 제법 많은 장기표의 나이를 나름 감안한 제안이다.

관자의 속내는 사실 자신이 정상까지 오르기 힘들까 싶은 아슬아슬함이 있었다.

관자로선 이날까지 마지막으로 등산한지 6, 7년이 지났으니, '남' 걱정에 앞서 '내' 걱정이 있을 수밖에 없었다.

다만 이번 산행을 먼저 얘기한 입장에서, 차마 중도 포기를 할 수는 없으니 '속도 조절론'을 들이댄 것이다.

느닷없는 산행 제안을 흔쾌히 받아들인 70대 어르신이 혹시라도 건강을 상하면 '죄'가 된다는 마음이 작동한 것은 물론이다.

2021년 5월 어느 봄 날, 강화도 마니산행에 앞서 산 입구에서 선 장기표

결과적으로 이런 고민들은 기우였다.

장기표는 산을 오르내리는 동안 거친 숨소리 한번 안 냈고, 관자도

무사히 등산을 마쳤다.

'쉬엄쉬엄'이라는 메시지에 "그렇게 하지요"라는 화답으로, 관자의 걱정을 덜어 준 장기표는 시종 걸음 걸이가 편했다.

산을 오른지 20분 정도나 됐을까?

얼굴이고, 몸이고 땀이 살 밖으로 튀쳐 나와 "쉬었다 가시죠"라고 관자가 '요청'하고는, 장기표의 이마에 슬쩍 손을 갖다 대어 보니, 땀이 한방울도 묻어나오지 않았다.

"윽 ㅋ"

부끄러움은 온전히 관자의 몫이었다.

반면 앞선 걸음은 줄곧 장기표의 몫이었다.

관자가 걸음을 앞선 지점은 장기표가 외부에서 걸려온 전화를 받느라 걸음이 늦어진 순간이 거의 유일했다.

마니산은 해발 472.1m의 높이다.

등산코스는 모두 4개로, 오르내리는데 짧게는 2시간여, 길게는 3시간여의 시간이 걸리는 것으로 안내돼 있다.

마니산 매표소에서 오를 때 초입을 지나면 두 갈래 길이 나온다.

오른쪽으로는 조금 먼 거리, 왼쪽으로는 상대적으로 가까운 거리다.

이 갈림길에서 장기표가 왼쪽을 가리킨다.

"휴~ 다행~~ "

관자의 헐떡이는 모습을 보고, "선생님이 마음 써 주시나 보다"라는 감사함이 세포에 퍼졌다.

산행의 과정에 틈틈이 '관자'는 묻고 '장기표'는 답했다.

관자가 이날 산행을 요청한 '당면목표'가 '영원한 찐보 장기표! 그 길, 그 숨'의 글짓기 마지막 부분을 채우는데 있었기 때문이다.

'장기표는 누구인가?' 라는 답을 찾아, 세상에 알리고 싶은 욕심에 시작한 글짓기였지만, 직전까지 끄적인 내용만으로는 관자 스스로 냉정하게 평가할 때 100점 만점에 '51점'밖에 안된다는 자책이 무거웠다.

'시작했다'가 50점, 일단 '만들었다'가 1점.

그러니 '최후의 투혼'으로, '최소의 정성'이라도 기울여 자평 점수라도 올려봐야겠다는 책임감에 산행을 결행한 것이었다.

관자에겐 이번 산행에 탐욕 수준의 '개인적 의지'도 발동했다.

격동의 현대사를 관통하며 온 몸으로 부딪히고, 헤쳐 나온 '거인 장기표'가 아닌 '사람 장기표'와 단 하룻만이라도 함께 여여히 호흡하고 싶었다.

더 깊게는, 이 나라 국민의 한 사람으로서 '사람 장기표'의 '중심', 가운데 마음자리를 느껴보고자 했다.

세상에는 더없이 당당한 장기표이지만, 그 마음 안에는 현실적 고행과 고난에 따른 남모를 '눈물', '회한'이 있지 않을까, 그것을 가능한한 들여다 보고 싶었다.

기자쟁이 30여년 동안 처음으로 누군가와의 '인터뷰'용으로 A4 용지 6장에 이르는 '방대한'(?)양의 질문지를 사전에 준비한 이유다.

산에 오르기 시작한 시점에 관자가 "오늘은 정치, 정책 등 거대 담론은 묻지 않도록 하겠습니다"라고 장기표에게 미리 알린 이유이기도 하다.

딱 '한가지'만은 '觀'한 장기표의 '自己愛'

산행을 통해 관자는 사전 준비한 질문을 다 던지지는 못했다.

어느 정도 예상은 했지만, 한나절이 채 안되는 한정된 시간에다 '저질 몸'으로 산행에 힘이 겨워 입을 신나게 열기에는 숨이 가빠서다.

이 대목에서 뒤늦게나마 관자는 잠깐 몸에 "미안하다"고 얘기해야겠다.

'저질'이라는 표현을 쓴 것도, 저질이라면 그 탓도 '몸'이 아닌 '나'에게 있는 까닭이다.

다시 본류로 돌아와서... 오전 11시 30분쯤 산에 오르기 시작해 오후 3시쯤 하산을 마쳤다.

그리고는 산 입구 음식점에서 도토리묵밥을 맛있게 먹으며 1시간여 더 함께 했다.

서울에서 강화도로, 강화도에서 서울로 오간 시간 2시간 30분 정도를 더하면 모두 7시간여, 관자는 '장기표와 함께 걷다'의 '대장정'(?)을 진행한 셈이다.

관자는 결코 길다고 할 수 없는, 짧은 이 '순간'을 통해 장기표에 대해 무엇을 '관(觀)'했을까?

그저 평범한 사람에 대해 한평생을 알고 지내도 그 '속'을, 그 '정체'를 안다고 할 수 없는 것일진대, 파란만장의 역사적 발걸음을 내딛어 온 장기표에 대해 '관했다'고 감히 누가 자신할 수 있을까.

예전 드라마에서 후고구려를 세운 궁예가 도통했다고 한 '관심법(觀心法)'을 익혔다 한들.

그러나 관자는 딱 '한가지'만은 장기표에게서 '관'했다.

'자기애(自己愛)'다.

장기표 스스로 표현한 것이기도 하다.

하지만 관자는 그것이 허구가 아닌 '실제'라는 사실을 거듭, 거듭 확인한 것이다.

관자가 "자신의 장점 중 꼭 하나만 꼽으라면 무엇이겠습니까"라고 물었을 때 장기표는 즉답했다.

"나를 사랑한다는 것입니다"

답이 이어진다,

"나는 자존감이 있습니다. 그래서 당당합니다. 이런 나에 굉장히 만족합니다."

장기표의 답이 계속된다.

"인간 행복에 있어 가장 중요한 것이 자존감입니다. 자기애이지요. 이 것을 아는 것이 인간에게 최고의 지혜이기도 합니다. 사람들은 나를 보고 희생했다고 합니다. 상식적으로 (민주화 투쟁과 진보 정치 등의 과정에)나만큼 고생한 사람을 찾아보기 힘드니, 그렇게 말들 할 수 있다고 생각합니다. 그러나 나는 행복한 삶을 살았다고 자부합니다. 힘들었다? 그 속에 기쁨이 있습니다. 나는 나를 사랑하기에 민주화투쟁을 한 것이고, 그래서 힘든 것도 이겨냈습니다."

워낙 결연한 어조여서, 관자는 반론식 질문을 들이댔다.

"선생님의 자기애 좋습니다. 그런데 현실적으로 삶이 힘들지 않습니까. 특히 가장으로선 가정적으로 경제적 고통이 처자식에게는 일종의 죄가 되는 거 아니겠습니까. 본인으로선 자기애로 인해 행복한 삶을 산다고 해도, 집안의 가장으로서 짊어지어야 할 현실적 책임을 못하거나 하지 않음으로써, 처자식은 고통을 겪을 수밖에 없는 것 아닌가요? 선생님의 자기애가 '나만 행복하면 된다'는 식이라며 극단적 이기주의일 수 있지 않겠습니까."

순간, 장기표는 오히려 담담한 표정으로 답한다.

"가족들에 대해 안타까움은 있습니다. 그러나 나의 가족들도 지혜롭게 판단하면 고통이 아니라고 얼마든지 생각할 수 있습니다. 돈이 많아야 행복일까요? 권력을 가져야 행복일까요? 인간은 누구나 자존감을 가질 요소가 있습니다. 공부 1등만이 잘한 것이고, 행복한 것이라고 얘기할 수 있나요? 공부 30등을 했어도, 남보다 열악한 여건에서라도 최선을 다한 결과라면 잘한 것이고 칭찬 받아야 하는 것입니다. 스스로 행복해 하는 것도 당연한 것이지요. 그 것이 자기애, 자존감의 지혜입니다."

'못말리는 가장' 벗어나기 힘들어 보이는 남편이자 아빠

장기표는 이렇게 토해놓고는 살짝 웃음 지으며 '약한 모습'을 내비쳤다.

"이런 말을 가족들에게는 못합니다. 내가 말했다가는 화만 돋우는

게 될 수 있으니까요."

그리고는 곧바로 원래 기조로 돌아갔다.

"그렇지만 '자기 인생, 자기가 사는 것'입니다. 자기를 사랑하고 존중하는 마음과 그에 따른 행동에 흔들림이 없으면 언제든, 어디서든, 어떤 상황에서든 행복할 수 있습니다."

이래 놓고는 아무래도 '가족'에 대해 마음이 걸렸는지 변명 아닌 변명을 했다.

"민주화운동? 만약에 가족이 굶을 정도였으면 때려쳤을 겁니다. 풍요와는 거리가 멀었지만 그래도 굶지는 않았습니다. 집사람이 아프다? 다른 방법 없다? 그러면 투쟁 멈추고, 집사람 돌봐야지요. '내가 큰 일 한다. 그러니 가정 안 돌봐도 된다' 그런 건 아닙니다. 이 것이 중용이고 중도의 길이라고 생각합니다."

장기표는 '가족'에 대한 '애정'을 자기식으로 표현하고는, 이내 가족이 '섭섭'할 수 있는 얘기를 아는 듯, 모르는 듯 내쳐 말한다.

"집사람이나 자식들에 대한 미안한 마음보다는, 형제들에게 미안함이 큽니다. 국회의원이니 뭐니 되는 길 안 갔으니, 어렸을 때부터 기대하고 늘 도움만 줬던 입장에서 안타까움이 얼마나 크겠습니까."

이 정도면 처자식들에게 장기표는 현실적으로 '못말리는 가장'에서 벗어나지 못하겠다 싶다.

다행히 장기표의 가정에서 처자식들이 가장 같은 지혜가 있다면, 논외다.

내친김에 사족같지만 관자가 질문을 추가했다.

"선생님이 받으실 수 있는 민주화운동 보상금이 10억원 규모에 달하는 것으로 알고 있습니다. 아무리 처자식이 지혜가 있다 해도, 선생님이 그 돈을 거부한데 대해선 받아들이기가 어렵지 않을까 합니다."

산행을 시작한 장기표가 정상의 참성단을 향해 휘적휘적 발걸음을 떼고 있다.

자꾸 '반(反)지혜'식 질문을 왜 하는지 편치 않다는 표정으로 장기표가 일순 관자와 눈을 맞춘다.

관자가 입을 닫았다.

장기표가 입을 열었다.

"지금 현재 보면 내가 가장 출세한 사람 아닌가요? 장관을 했든, 국회의원을 했든, 그런 사람들이 출세한 걸까요? 그 사람들 지금 행복한가요? 돈이 많으니, 권력을 누리느니 하는 사람들, 겉에서 보기엔 행복해 보이지요. 그런데 안을 들여다 보면 그들이 행복할까요. 아니지요? 고통 없기를 바라는 것처럼 어리석은 것이 없지요. 고통을 이겨내는 것, 그것이 지혜지요. 예수나 석가가 인간에게 가르쳐준 행복에 이르는 길이 모두 다 이런 것 아닙니까?"

우회적 예시로 답을 대신한 것이다.

그리고는 쐐기를 박듯 한마디 덧붙였다.

"민주화운동 보상금 얘기는 되도록이면 안했으면 합니다. 뭐 굳이 자랑할 꺼리도 아닌건데…"

'세상을 떠났을 때 묘비 글에 어떻게 적히는 것이 가장 맞겠는가'라는 관자의 질문에 대한 장기표의 답도 같은 맥락으로 돌아왔다.

"모든 사람들의 자아실현을 이루기 위해 노력한 사람, 장기표."

이 대목에서 장기표의 최대 지론인 '자아실현'을 새삼스럽게 마주했다.

장기표의 3대 사상이자 철학이자 지향이 '자유의지' '자아실현' '인간해방'이다.

요약하면 자신이 '진정 하고 싶은 일'을 자유의지로 선택해서, 실현하는 것이 해방에 이르는 인간의 길이라는 것이다.

이 중에서도 중간 고리격인 '자아실현'을 장기표는 가장 중시한다. '자유의지'는 토대이고, '인간해방'은 목표이고, '자아실현'은 그 토대와 목표를 아우르는 의미와 가치를 지니고 있다는 지론이다.

이 글 앞부분에 적시했던 "자기 인생, 자기가 사는 것"이라는 장기표의 표현이 이를 압축해 풀어낸 격이다.

'자아실현'은 장기표의 '자기애' '자존감'과 뜨겁게 연결된 화두이기도 하다.

또한 장기표란 이름 세자 앞에 '자유인'이라는 칭호가 붙는 것이 '자연스러운'것이라는 사실과 직결되기도 한다.

여기서 주목할 수밖에 없는 장기표의 '천성(天性)'이 드러난다.

사실 '자기애'는 자칫 극단에 치우치면 '이기주의' '개인주의'의 수렁에 빠질 수 있는 위험이 있다.

그러나 장기표에게는 이런 위험이 원천적으로 안보인다.

불교 석가모니의 탄생게(誕生偈)인 '천상천하 유아독존(天上天下 唯我獨尊)'에 대한 장기표의 명료한 해석이 실증한다.

'영원한 찐보 장기표! 그 길, 그 숨'에 대한 글짓기 과정 중 한 달여 전쯤에 장기표 사무실에서 두런두런 대화 끝에 이 얘기가 오갔었다.

장기표가 묻고 답했다.

"석가모니의 이 말씀을 '하늘과 땅 사이에 오직 나만이 존엄하다'란 '이기적' 뜻으로 이해하는 경우가 대부분입니다. 그런데 그 위대한 성인께서 이런 차원으로 가르침을 남기셨겠습니까? 이 본 뜻은 '모든 인간이 너나 할 것 없이 스스로 존엄한 존재다'란 것이지요. '내'가 존엄한 것처럼, '너'도 존엄하다입니다. 자기가 존엄한 존재임을 알아야 해탈해서 행복할 수 있기 때문입니다."

'세상에 대한 사랑', 나를 넘어 '배려' 行으로 나타나

이런 '각(覺)'에 기초한 장기표의 '자기애'에서 '이기적'이란 위험이 자리할 수 있을까.

장기표의 '자기애'는 좁은 범주의 '나에 대한 사랑'을 훌쩍 넘어서

'세상에 대한 사랑'에 이른다.

장기표의 이런 각은 말에 머무르는 것이 아니고, 일상에서 늘 남에 대한 '배려' 행(行)으로 나타난다.

당장 이번 짧은 산행의 과정에서도 누차례 확인된 현상이다.

관자는 장기표에게 이런저런 제안 내지 요청들을 여러차례 했다.

"쉬엄쉬엄 가시죠." "쉬었다 가시죠." "물 좀 드시죠." "저리로 갈까요." "제 사진 찍어 주실래요." 등등…

이럴 때마다 장기표는 단 1도 싫다거나 귀찮다는 기색 없이 그대로 수용했다.

산 정상에 올라 휴식을 취하는 상황에서 장기표가 배낭에서 꺼낸 사과에도 '배려'가 물씬 담겨 있었다.

동행자가 자신과 관자 2명이니, 사과 2개를 가져온 것은 그렇다 쳐도, 각 사과를 반쪽씩 쪼개 나눠 먹을 수 있도록 칼집을 내온 장면이다.

사소한가?

그렇게 볼 수도 있겠다.

그러나 때때로 거대 행위보다 사소한 것에 소중함이 깃든 것이 세상의 이치 아닌가.

그리하여 관자는 장기표가 내밀어 준 사과를 '역사적으로' 반토막 내 둘이서 사이좋게 '냠냠' 했다.

이 정도로는 설명이 부족한가?

하나만 더 '장기표의 배려'를 세상에 전해야겠다.

장기표는 이날 오후 4시 서울 강남 도곡동에서 또 다른 약속이 있었다.

그런데 하산한 시간이 오후 3시, 이곳 강화도에서 도곡동까지 네비로 소요시간을 보니 1시간 30분 정도, 곧바로 출발해도 약속시간보다 30분 가까이 늦을 수밖에 없는 상황이었다.

"이크."

준비해 온 질문을 아직 반도 채 하지 못한 관자로선 한편으론 마음은 급하고, 또 한편으로는 자신 때문에 장기표의 귀한 약속을 어기게 한 상황이어서 미안했다.

관자가 고민 끝에 말했다.

"선생님, 식사하면서 30분 정도 이내에 최대한 자리를 빠르게 마치도록 하겠습니다."

장기표가 답한다.

"아니, 괜찮습니다. 저쪽에 양해를 구하면 됩니다."

장기표의 반응이 자연스러워서, 관자는 '그래도 되는 줄' 알았다.

그런데 관자가 몰랐다.

그래도 되는 것은 아니었다.

일단 관자는 그나마 '편한 마음'으로 묻고, 들으면서 장기표의 다음 행로를 '1시간' 넘게 잡아맸다.

그리고 오후 4시가 넘어서야 강화도에서 출발했다.

관자의 차로 이동하는 상황에서 서울 지하철 교대역 인근에 이르렀을 때 이미 오후 6시 가까이 됐다.

네비로 목적지까지 17분 정도 남은 시점, 장기표가 불쑥 얘기한다.

"교대역에서 내려 주세요. 전철로 가는 게 빠를 것 같네요."

관자는 계산했다.

"교대역에서 내려 지하철 기다리는 시간, 타고 가는 시간, 내려서 목적지까지 걸은 시간... 음... 그냥 차로 끝까지 가는게 더 빠를 수도 있을 것 같은데..."

관자가 얘기했다.

"선생님, 시간이 별 차이가 없을 것 같으니 목적지까지 같이 가시죠."

장기표는 잠시 생각하더니 똑같이 답했다.

"아니, 지하철로 가는 게 빠를 것 같아요."

장기표의 '1차 배려'가 드러난 것이다.

불가피하게 약속 시간에 늦어진 셈이지만, 외부와의 약속에 대한 '책임'을 최대한 져야겠다는 자세였던 것이다.

어쩔 수 없이 응했다.

교대역 앞에 차를 세운 순간, 이번에는 관자를 대상으로 장기표의 '2차 배려'가 나타났다.

관자가 차에서 내려 인사를 하려는 몸짓을 보이자 장기표가 제지했다.

"뭣 때문에 내려요. 내리지 말아요."

그리고는 장기표는 빠르게 문을 열고 나갔다.

관자가 인사말을 건넸다.

"오늘 너무 수고 많으셨습니다. 고맙습니다. 모든 일 잘 되실겁니다."

관자로선 느닷없는 산행 제안을 기꺼이 받아들여준 사실에 실제로 '고맙고', 또 자신 때문에 약속이 늦어진 것이니 '미안하기도' 해서 덕

담식 이별 인사를 전한 것이다.

그런데, 장기표는 아무 말도 안하고, 뒤도 돌아보지 않고 뛰듯이 지하철역 안으로 들어갔다.

관자가 섭섭 했냐고?

아니!

어찌보면 찰나의 짧은 과정 속에서 '장기표의 배려'를 수 차례 겪은 기쁨에 혼자서 소리내 웃어버렸다.

이 정도로도 '장기표의 배려'를 확인하는 것이 부족할까?.

에피소드 하나 더 해야겠다.

이날의 산행 2주일 전쯤 '산소리 물소리'란 이름의 장기표 산행 모임에 같이 한 적이 있었다.

장기표가 1990년대 중반 설립한 '신문명정책연구원'을 상징해 꾸린 '신문명산악회'에서 이름을 바꿔 20여년간 지속돼 온 이 모임이 서울 인왕산 둘레길을 돌아보는 일정이었다.

산책하듯 일정을 마치고 경복궁 인근 음식점에 10여명이 모여 뒷풀이를 하는 자리에서 오가는 대화 중에 장기표가 관자와의 '개인사'를 불쑥 참석자들에게 공개했다.

관자는 '영원한 찐보 장기표 그 길, 그 숨'을 글짓기 하는 과정에 여러 상황상 가급적 빠른 시간 안에 작업을 마치는게 좋겠다는 생각으로 일주일 가까이 날 밤을 새면서 속도를 내려 했다.

관자로선 난행 처음의 강행군을 하느라, 해가 떠서야 집에 들어가는 날들이 지속되니, 안사람이 의아해 할 수 있다는 생각에 글짓기 초

벌구이를 '작업'의 증거로 보여줬다.

그런데 평소 바깥 일에 대해 안사람에게 거의 전하지 않은 기존의 '관례'를 깨면서까지 이해를 구하려 한 관자의 '저의'는 묘한 방향으로 깨졌다.

관자의 '지은 글'을 본 안사람의 첫 번째이자 외마디 반응이 "당신과 똑같은 사람이네"였던 것이다.

본의 아니게 또는 결과적으로 '가정'을 등한시 한 채 밖으로만 나돌아 온 자신의 남편, 즉 '관자'와 장기표의 삶이 빙의된 식의 느낌이 가장 강하게 와 닿았던 모양이었다.

타자에 무게중심 싣고, 스스로를 종속변수로 놓다

관자의 안사람도 격동의 1980년대 학번이라 장기표의 '명성'은 어느 정도 알고 있었던 입장이고, 두 사람이 살아 온 '헌신의 격'이 비교할 수 없는 것이지만, 장기표의 현실적인 삶을 다소 구체적으로 알게 되면서 두 사람이 '비슷한 패턴'이라는 식의 반응이었던 것이다.

관자는 당황스럽기도 하고 웃기기도 해서, 그 후 '미친 척'하고 장기표에게 안사람과의 '충돌'을 가볍게 전했었다.

그 '사소한 일화'를 인왕산 뒷풀이 모임 자리에서 장기표가 '만천하'(?)에 노출한 것이다.

여기서 핵심 '관전포인트'는 장기표의 '표현의 어순'이었다.

장기표는 웃음지며 이렇게 얘기했다.

"장기표가 OOO(관자)과인지, OOO이 장기표과인지는 모르겠지만…

하하하"

 지나치듯 농담조로 던진 언급이니, 무심코 넘길 수 있는 '아무 것'도 아닐 수 있지만, 당사자인 관자에겐 내심 '배려'라는 장기표의 원천적 마음이 읽혀질 수밖에 없었다.

 같은 내용이라도, 장기표의 그 발언의 어순에는 'OOO'이라는 타자에 무게중심을 싣고, 자신은 종속변수로 놓은 것이었던 까닭이다.

 '배려' 행으로 표출되는 장기표의 '세상에 대한 자기애'가 이토록 깊기에 자신의 정치 철학도 '사랑의 정치'로 표현하는구나란 생각에 관자의 고개가 끄덕여졌다.

 관자는 이번 글짓기 작업을 하는 과정에 장기표의 저서들, 언론 인터뷰 기사나 기고 글 등을 살펴보면서 '사랑의 정치'란 표현이 자주 눈에 띄어, 이날 산행 중 이에 따른 질문도 사전에 준비해 물었다.

 "선생님의 '사랑의 정치'의 시각에서 현 문재인 정권을 어떻게 바라보시는지 궁금합니다."

 장기표의 답은 역시 '자기애'의 지론을 관통해 한마디로 정리됐다.

 "너무 이기적입니다."

 구체적 예시가 덧 붙는다.

 "다른 사람을 조금이라도 생각하는 마음이 있어야 합니다. 사랑은 차치 하더라도 상식적 배려는 있어야 하지 않을까요. 어찌됐든 직전 대통령 두 사람, 곧 이명박과 박근혜를 이렇게 오래 징역을 살리면 되겠나요."

 징역살이라면 이골이 났다고 해도 무방한 장기표의 '동병상련'일까? 그보다는 장기표의 '자기애'의 요체인 '사랑'의 마음 아닐까.

이어 이날 대체로 차분한 표정을 유지하던 장기표의 목소리가 다소 격앙됐다.

"(현 정권은) 겉으로는 나라를 위한 것처럼 하지만, 진짜 나라를 위하지 않고 있습니다."

장기표의 분노는 범위가 넓혀졌다.

"현 정권의 주축 격인 586 운동권 출신들만의 문제가 아닙니다. 국회의원이든, 장관이든, 정무직은 먹고 사는 수단으로서의 직업이 돼서는 안되지요. 월급이 아니라 세상을 위해 자기능력을 발휘하는 보람을 먹고 살아야지요."

장기표의 분노의 범위가 이내 더욱 확대됐다.

민주화운동의 기록 등을 넘치게 저술해 온 '기록꾼' 답게 글귀가 새겨진 등산로의 암석을 휴대폰으로 '찰칵'하고 있는 장기표

"정치인, 권력자, 가진 자만의 문제도 아닙니다. 사실 우리 국민들이 이기적 물질주의에 빠지고 휘둘리고 있는 것이 큰 걱정입니다. 아니, 인류 사회 전체가 이런 문제를 안고 있습니다."

장기표의 분노는 그대로 머물지만 않고, '대책'으로 차원 상승한다.
장기표의 '자유의지'와 '자아실현' '인간해방'에 초점을 맞춘 '신문명'론이다.
21세기 인류는 대 전환의 시대를 맞았고, 그것이 눈 앞에 펼쳐진 '정보문명'이고, 이에 따른 국민, 국가 차원의 이념과 정책 전환이 필수라는 요지다.
"지금 이 시대, 변해야 한다는 것은 선택 사항이 아닙니다. 정보문명시대에 맞게 변하지 않으면 나라가, 인류가 생존할 수 없습니다. 변해야만 하는 것은 피할 수 없는 당위 입니다."
이런 인식, 이런 관점에서 장기표가 체계적으로 정리해 1990년대 중반 일찌감치 세상에 내놓은 이념·정책이 '민주시장주의' 내지 '녹색사회민주주의'다.
이날 산행에선 '딱딱한' 정치나, 정책에 대해선 묻지도 않고, 답하지도 않기로 '언약' 했지만, 세상 현실에 대한 안타까움이 큰 탓에 불가피하게 약속을 어기게 된 격이어서 화제를 돌려야 했다.

이윽고 '사람 장기표'의 '중심', 가운데 마음 자리를 들여다보는 것을 이번 산행의 목표로 삼은 관자의 본격적인 질문이 비로소 시작됐다.
'사람 장기표는 어찌 자기애에 이토록 천착하는 것일까. 그 원천 마음은 어디에서 비롯된 것일까'하는 궁금증에 초점을 맞췄다.

"선생님, 혹시 종교가 있으신가요? 무교겠다 싶은데… "

'자유 영혼'이니 어떤 기성 종교에도 메이지 않은 '무교(無敎)' 아닐까 하는 것이 관자의 예측이었으나 빗나갔다.

장기표가 알려줬다.

"예, 불교입니다."

관자는 바로 수긍했다.

"으 ㅋ… 맞아. 그렇겠다."

장기표의 '자기애'의 근본도, '배려' 행의 삶도, '마음'에 대한 깨우침이 알파부터 오메가인 불교와 직결된 것이기 때문이다.

장기표가 1970년대 중반, 민청학련 사건으로 수배 중 일시적으로나마 부산 태종사에 들어가 머리 깎고 '중 노릇'한 것이나, 석가의 탄생게인 '천상천하 유아독존'에 대한 해석의 지혜나, 한가지로 관자의 머리에 오버랩 됐다.

장기표가 이례적으로 '자기 자랑'을 했다.

"태종사에 있을 때 대불정능엄신주를 다 외웠어요. 25분 정도 걸리는 것인데도… "

그러더니 능엄신주다 싶은 염불을 절로 흥얼댔다. 조금 하다 말기는 했지만.

"지금은 다 못 외워요. 염불도 계속해야 되는 거거든… ㅎ."

'나와 남이 다르지 않은 하나'… 우주 섭리의 깨우침

관자가 질문을 더했다.

"선생님, 그러면 절에는 정기적으로 다니시나요?"

장기표가 답했다.

"대학 때는 불교학생회에서 활동하기도 했지요. 오래전부터 강원도 상원사에서 일주일 정도 기도한 일도 많아요. 며칠 전에는 적멸보궁을 다녀오기도 했어요."

'불교 스토리'가 더 이어졌다.

"대학 들어가 우연찮게 반야심경을 읽으면서 불교를 가까이하게 됐지요. 개인적으로 불교가 대단하다고 생각합니다. 내가 살아오면서 어려움을 극복하는데도 불교가 굉장한 뒷받침이 됐습니다."

그러더니 장기표에게서 불교의 핵심 원리를 담은 '색즉시공 공즉시색(色卽是空 空卽是色)'이 툭 튀어나온다,

그저 쉬운 풀이로 '있는 것이 없는 것이고, 없는 것이 있는 것'이란 뜻이고, 대승불교의 '아공(我空)' '법공(法空)' '구공(俱空)'의 이치를 품고 있는 가르침이다.

인생의 '고(苦)'는 나와 남을 분별하고, 그 분별에서 집착이 생기는 것이 근본 원인이니, 이 고를 극복하는 길은 '나와 남이 다르지 않은 하나다'란 우주의 섭리를 깨우치는 것이란 의미다. 이것이 곧 불교에서 지향되는 우주의, 마음의 근본을 본다는 견성(見性), 해탈(解脫)의 경지다.

사실 동서양을 막론하고 4대 성인을 위시해 인류의 선각자들은 누천년전부터 '모든 만물이, 현상이 하나다'란 깨우침으로 만난다.

이 대목에서 관자는 '민족'으로 대화를 연결했다.

장기표가 일생을 투신해온 민주화운동이 좁게는 한반도의 반쪽인 '대한민국의 민주화'요, 궁극적으로는 '한민족의 통일'에 닿아 있는 까닭이다.

더욱이 우주자연의 섭리이자 민족 성조 환인·환웅·단군의 뿌리 가르침을 명쾌하게 품고 있는 경전인 '천부경(天符經)'이나 장기표의 종교인 불교의 불경이나 똑같은 가르침을 전하고 있기 때문이기도 하다.

강단사학계 일각에선 '위서(僞書)'라고 격하하고 있지만, 그 시각과 무관하게 81자(字)로 구성된 천부경의 가르침은 '천지인(天地人)', 즉 '하늘과 땅과 사람이 하나다'란 것이 핵심이다.

민족 성산 마니산 정상의 참성단에 오른 장기표가 정면을 주시하고 있다.

이런 견지에서 장기표에게 물었다.

"혹시 천부경을 아시나요?"

장기표가 바로 답했다.

"20여년 전 박종구 선생에게서 천부경 강의를 들은 적이 있습니다. 그 때 '우리 민족의 이 경에 우주의 섭리가 다 담겨 있구나' 감탄하며 깜짝 놀랬습니다."

이쯤에 이르러 관자는 사전 준비된 질문을 추가했다.

"선생님, 제가 오늘의 산행지로 마니산을 선택한 뜻을 혹시 아실까요?"

장기표는 마치 궁예의 관심법을 익힌 듯 즉답했다.

"큰 일을 앞두고 한번 다녀와야 할 산이었습니다."

'민족 정기를 한껏 받으시기 바라는 마음이었습니다'는 등의 부연 설명이 필요치 않은 반응이었다.

관자는 장기표가 표현한 '큰 일'에 대해선 더 이상의 얘기는 묻어두기로 했다.

단지 2021년 싯점에서 '영원한 찐보 장기표의 그 길, 그 숨이 결코 멈추지 않을 것이란 신호만을 남긴다.

관자는 '민족'에 대한 의견성 질문을 더 던졌다.

"남북한이 그토록 통일을 과업으로 상정하는 것은 같은 민족, 하나의 민족이라는 사실에 기반하는 것이니, 남북을 묶는 통일 이념과 사상도 성조들의 가르침인 '홍익인간 이화세계'이어야 하는 것이 자연스럽지 않을까요?"

장기표의 답은 질문의 뜻보다 한걸음 더 앞서나갔다.

"홍익인간, 이화 세계는 마침 지금 이 시대에 더욱 부합되는 것입니다. 100년전의 시대 상황이라면 그 가치가 오히려 더 약하다고 할 수 있지요. 지금과 같은 극도의 분열적 시대상 속에서 '세상을 널리 이롭게 하라' '세상의 모든 일이 이치에 맞도록 하라'는 가르침은 더욱 절실한 것이 맞습니다. 그리고 이것은 내가 주장하는 자연의 섭리에 따른 사회운영 및 삶의 영위와 일치합니다."

장기표는 '통일의 당위성'에 대해서도 열정을 나타냈다.

"우리 민족이 통일을 하면 세계 모범국가이자, 세계 중심국가가 될 수 있습니다. 통일을 해야만 합니다."

'민족 자부심'이 이어졌다.

"우리 민족은 크게 두 가지 우수성이 있습니다. 하나는 민족의 지적 역량이 탁월하다는 것입니다. 또 하나는 민족의 전통이 탁월하다는 것이지요. 탁월한 전통은 홍익인간의 건국이념과 가족애가 주축인 동방예의지국으로 뒷받침 됩니다. 가족애는 소집단 이기주의가 아닙니다. 가족 해체는 인간불행의 원천이지요. 물질같은 것이 아니라 사랑으로 이뤄진 가정을 이루는 것, 그 것은 인간해방의 기초가 되는 것입니다."

관자는 노파심에 굳이 해설을 붙여야겠다.

불교를 종교로 삼고 있고, 민족 성조들인 환인·환웅·단군에 대한 이해가 깊다는 이유로, 장기표에 대해 '경직'의 눈빛으로 바라보는 것은 '틀리다'는 것이다.

민주화투쟁이라는 질곡, 민주세력의 독자 집권이라는 모험 등을 헤쳐 나온 뚝심 등 '흔들림 없는' 행보를 이어 온 장기표는 '의외'로 무척이나 유연하다.

이 글에서 이미 전한 것처럼 '자기애'에 기반한 원칙은 꼬옥 부여잡되, 세상에 대한, '남'에 대한 존중 내지 배려가 늘 장기표의 삶에서 작동한다.

그런 장기표의 언어가 '동이(同異)면 불화(不和)'다

이 날 산행 초반, 관자가 장기표와의 대화 중에 말했다.

"선생님은 '화이부동(和而不同, 남과 같지 않되 남과 조화를 이룬다)'의 원칙을 갖고 계신 것 같습니다."

그러자 장기표가 동의하면서 강하게 한마디 던진 것이 '동이불화(同異不和, 남과 같으면 남과 조화를 이루지 못한다)'였다.

이 말의 연원은 유교의 공자가 논어 자로 편에서 "군자는 화이부동(和而不同)하고 소인은 동이불화(同而不和)한다"고 짚은 것이다.

그런데 관자는 '군자의 도(道)'만을 얘기한데 비해, 장기표는 '소인의 반도(反道)'에 방점을 찍은 식이다.

동이불화를 환기시킨 장기표의 마음을 이해하기 쉽게 풀어 헤치면 진정 '자기애'에 충실할 때 '남에 대한 사랑'도 충실하게 된다는 이법(理法)에 보다 더 비중이 실려 있다는 것이다.

이런 맥락에서 장기표는 종교로 삼고 있는 불교에 신실함으로써, 그에 비례해 기독교 등 다른 종교에 대해서도 열린 자세로 존중한다는 것이

관자의 '관(觀)'이다.

일상적으로 체화된 '대중의 언어'… "토꼈다"

장기표의 '유연성'은 일상적인 '언어'에서도 확인된다.

장기표는 '흡연'의 개인사를 묻는 질문에 "토꼈다"는 단어를 스스럼없이 동원했다.

지금은 담배를 끊은지 30년이 넘었지만, 민주화운동 과정엔 하루 한갑 이상은 담배를 폈다는 장기표가 전한 일화에서다.

"1980년대 전후 민주화운동으로 툭하면 도피 중일 때 정부의 불심검문을 늘 피해야 했지요. 그 당시 오가는 중에 검문소가 눈 앞에 나타날때면 경찰들이 의심하지 않게 얼른 담배를 꺼내 물면서 멈칫 섰다가, 바로 뒤돌아서 토꼈습니다. 담배가 구세주였던 것이지요."

관자로선 '백해무익'이라는 담배에게 '민주화훈장'이라도 달아줘야겠다는 돌발적 감탄도 있었지만, 그보다도 "토꼈다"란 언어에 살짝 놀랬다.

장기표 수준의 '급(級)' 내지 '격(格)'이면, 또 나이도 그 정도로 지긋하면, 더욱이 20년 가까이 어린 후배 앞이라면, 그야말로 격식에 치우쳐 온갖 격조 높은 단어와 아름다운 표현으로 치장하는데 급급한 세태와 비교돼서다.

이것은 단지 하나의 사례일 뿐, 일상적으로 장기표의 말들은 '대중의 언어'이고, 장기표의 자세는 '대중의 평균'처럼 꾸밈없고, 편하다.

장기표 스스로도 이런 자신을 잘 알고 있었다.

"누가, 어떤 얘기를 하든 나는 일단 들어주고 받아들이는 편입니다."

물론 '과시'가 아니었고 스스로에 대한 있는 그대로의 표현이었다.

그렇다.

이날 관자에게도 '예외없이' 그랬다.

문득 오래전 사회 병아리 때 선배가 해 준 말이 떠올랐다.

"홀아비 마음, 과부도 모르는 거다."

표현이 재미 있어 당시 한참을 웃었지만, 같은 홀몸일지라도, 그 어느 누구도, 그 어느 누구를 완벽히 알 수 없다는 확실한 이치의 얘기다.

경직과는 거리가 멀고, 유연함에 익숙한 말과 자세의 장기표도 '대중'을 완벽하게 이해 할 수 없는 것은 자명하다.

참성단 앞에서 자신을 알아보고 기념사진 촬영을 요청해 온 '이 나라의 국민'과 나란히 포즈를 취하고 있는 장기표

다만 헌신과 고난의 남다른 일생을 살아온 장기표이기에 '대중', 그 중에서도 고난한 삶에서 쉽게 벗어나지 못하는 '기층 대중'의 아픔과 남다른 공명(共鳴)을 할 수 있는 것이겠구나란 이해를 관자는 하게 됐다.

이런 관자의 판단이 오버?

혹시라도 누군가 그런 시각을 갖는다면, 관자는 무학대사가 이씨 조선 태조 이성계에게 던졌다는 비유로 답해야겠다고 마음을 정리했다.

"부처 눈에는 무릇 세상 모든 것이 부처로 보이고, 돼지 눈에는 무릇 세상 모든 것이 돼지로 보이나니라… "

관자가 '장기표와 함께 걷다!'를 기획한 취지에는 반세기가 넘은 오랜 세월, 국가 내지 국민을 향해 거보(巨步)를 내딛어 온 '이 나라의 한 사람'이 지금 당장, 현실적으로 어떤 상황에 놓여 있을까를 구체적으로 들여다보고 싶은 마음이 내포돼 있었다.

일제 강점기 독립운동가의 후예들이 광복 이후 70여년이 넘은 이 시대에 간난고초를 겪고 있는 '당장의 삶'이 연상돼서다.

그래서 관자는 조심스럽지만 구체적으로 운을 뗐다.

"선생님, 외람된 질문인데 살림살이를 여쭤봐도 되겠습니까? 불편하시면 말씀 안하셔도 됩니다."

장기표는 고민 없이 상세하게 알려줬다.

"상관없습니다. 전태일 동지의 어머니인 이소선 여사의 알선으로 1980년대 구입했던 무허가판잣집이 재개발이 돼 이를 팔았다 또 샀다 하다 보니 지금은 3억 1천만원에 구입한 25평 아파트에 살고 있습니다. 주택담보대출이란 것이 있어서, 그 것을 이용해 한달에 95만원

씩 받습니다. 죽을 때까지 받을 수 있답니다. 하하하. 그러고 보면 내가 부동산 투기는 제대로 했습니다."

실(實)인지, 허(虛)인지 웃음 짓고는 '수입 내역'을 더 밝혔다.

"그리고 월남전 참전에 따라 정부에서 주는 35만원, 기초연금 20만 원, 국민연금 17만원이 있습니다. 여기에 집 사람이 별도로 받는 20만 원 정도의 국민연금도 있지요."

그리고는 또 웃으면서 '행복'한 반응을 보였다.

"우리는 굶어 죽을 염려는 없습니다."

관자는 속으로 읊조렸다.

"사람 장기표는 원효 대사의 '일체유심조(一切唯心造, 모든 것을 마음이 빚는다)가 체화됐구나."

관자의 속내를 읽었는지 장기표가 말했다.

"내가 낙천주의자, 꼭 그렇다고 할 수는 없을 것 같고. 있는 그대로를 인정, 받아들이는 것은 맞는 것 같네요."

관자가 물었다.

"장기표가 장기표에게 꼭 해주고 싶은 말이 있다면 어떤 것이겠습니까."

미처 예상하지 못한 질문이었기에 장기표는 잠시 머뭇한 뒤 응답했다.

"하는 일이 잘 안된다 하더라도 실망하지 말라, 포기하지 말라는 것이겠네요. 그런데 내가 원체 강합니다. 그래서 그런 말이 필요없습니다. 나는 이미 그런 사람이거든요."

답을 덧붙였다.

"나는 내가 살아온 삶을 훼손 하는 일은 절대 안합니다. 내가 보수 정당이라는 국민의힘에 들어간 것 등을 놓고 '장기표가 변절했다'는 비판이 있기도 합니다. 그럴 수 있다고 봅니다. 그러나 나로선 이것을 굳이 표현하면 '세상을 바꿔야 한다'는 나의 꿈을 향한 '전략적 유연성' 입니다. 나는 나에 대한 자부심이 유독 강합니다. '내가 어떻게 살아왔는데…'라고 생각할 때가 많고, 이 말이 나를 함부로 행동하지 못하게 합니다."

관자는 '물'을 떠올리게 됐다.

"물이 네모 용기에 들어가면 네모, 세모 용기에 들어가면 세모로 외양은 바뀌어도, H2O라는 고유의 본성은 바뀌지 않는 것이니… "

유연하되 강하지만… "많이 울었습니다. 혼자서… "

장기표는 이날 산 중턱쯤 이르렀을 때 산 아래 강화도의 바다와 논을 바라보면서 편안한 표정으로 "벌써 벼를 다 심었네"라고 감상했다.

'산골 소년'다운 '자연과의 교감'이었다.

또 "산을 많이 다녔어요. 여기 마니산도 여러 차례 왔었습니다"라고 '산 사랑'의 마음도 표출했다.

계곡을 가리키면서는 "마니산 계곡 참 좋죠."라고 몇 차례나 관자의 '동의'를 구하는 모습을 보이기도 했다.

장기표의 거듭되는 자연 얘기에 관자가 물어봤다.

"혹시 골프를 치시나요?"

장기표가 고개를 저었다.

"재야출신으로서의 금도가 있어야 한다고 생각합니다. 이것도, 저것도 하면 안된다는 것이지요. 내가 아무리 경제적 여유가 생겨도 절대 안하겠다는 것이 두 가지가 있습니다. 골프 안친다, 외제차 안탄다 이지요."

관자는 생각됐다.

"사람 장기표는 유연한 거 맞는다. 그런데 참 자기 원칙에 강하다."

생각이 추가됐다.

"그러니 본인은 의식하지 못할지는 몰라도, 세상은 알아채지 못할지라도, 마음 깊숙한 곳에 그 고독함, 그 외로움이 있지 않을까."

기어코 장기표의 '눈물'을 끄집어 내봐야겠다는 관자의 욕구가 재차 발동했다.

이 나라 현대불교의 가장 큰 스님으로 일컬어지는 성철 스님조차 입적하는 순간에 세속의 인연을 끊어버렸던 딸을 떠올리며 "불필아~"라고 이름을 불렀다는 얘기도 전해지지 않는가.

그 얘기의 진위와 별개로, 태생적으로 불완전한 인간 존재의 거부할 수 없는 '고(苦)'가 어찌 장기표에게만 피해 가겠는가.

"살아오시면서 가장 슬펐던 순간은 언제였는지 궁금합니다."

"생각한 적이 없어서…"

잠깐 생각에 젖던 장기표였지만, 역시나, '사람'이면 누구나 예외일 수 없는 '어머니'에 대한 기억으로 답이 나왔다.

"어머니 돌아가셨을 때네요."

장기표는 민청학련 사건으로 수감 중이던 1978년 어머니를 잃었다.

국가, 국민, 시대를 향한 '장기표만의 사랑'으로 인해, 이 세상에서 가장 사랑하는 어머니의 임종도 보지 못한 불효자로 남게 된 것이다.

4남 2녀중 막내였으니, 그 어머니의 사랑 또한 얼마나 극진했을까. 이내 장기표는 토로했다.

"많이 울었습니다. 혼자서… "

관자가 기자쟁이로서 현장을 뛸 때 장기표를 처음 만났던 시기가 1995년이었으니 인연이 25년이 넘었다.

하산해 들린 음식점에서 배낭 안에 담아온 청하를 '나팔'부는 장기표

그 후 한 참이 지난 2012년 장기표가 박세일과 새 정당 '국민생각'을 창당하는 과정에 스치듯 만났고, 3년 전쯤 또 스치듯 한 두 차례 만난 정도니 인연이 깊다고는 할 수 없다.

그런 끝에 2021년 들어 3월에 우연찮게 또 마주하고 이런 글짓기를 하게 됐으니, 이번 산행 과정에 장기표가 얘기했던 불교의 '인연법' '연기법'에 의하면 그 인연이 꽤나 깊겠다고 싶다고 관자는 생각했다.

관자가 올 봄, 모처럼 마주 봐 온 장기표는 얇은 회색 코트를 자주 입었고, 몸의 자세는 약간 기운 듯 하면서, 잔잔한 목소리이되 강렬한 열정을 뿜어내 일제 시대 아나키스트 또는 '낭만가객'을 연상시키는 기운이 풍겨났다.

이번 마니산행에 술 청하를 한 병 배낭에 담아 와서는 하산 후 음식점 테이블에 빈 컵이 안보이자, 병째 입에 맞춰 '나팔'을 부는 장기표를 목격한다면 어떤 생각들을 하게 될까.

장기표는 '작위(作爲)'하지 않는다. 억지로 꾸미지 않는다는 얘기다. 도교 노자의 핵심 사상인 '무위자연(無爲自然, 꾸밈없이 절로 그러함'과의 천성적 연결이다.

觀者, 역으로 장기표에게서 '응원'받고, '위로'받다

관자는 이번에 '장기표와 함께 걷다!'를 기획하고 진행하면서 이 시대, 이 나라를 위해 고행을 자초한 장기표에게, 국민을 대신해 '응원'하고 '위로'하는 작은 기회로 삼아야겠다는 일종의 '의무감'을 마음 한가운데에 위치시켰었다.

글을 끄적이면서 일반적인 표현인 '필자(筆者)'대신 사전에도 없는 '관자(觀者)'란 신조어를 사용한 것도 같은 이유에서다.

하지만 산행을 마치고 나니, 관자의 이런 마음은 부질 없었던 결과

만을 낳았다.

　장기표에게는 '응원'? '위로'? 그런 것들이 필요치 않았다.

　그 어떤 고난도 지난 여정 그대로 '장기표의 그 길, 그 숨'을 멈추게 할 수 없다고 믿어도 좋을 만큼 장기표는 '주어진 삶'에 실로 행복해하고, 당당한 '사람' 이어서다.

　또 관자 말고도 장기표에겐 응원군이 알게 모르게 이 나라에서 살아 숨 쉬고 있기도 하다.

　마니산 등정길에서만 50대 전후의 각각 한 쌍씩, 두 쌍의 처음 만난 등산객들이 장기표를 알아보고 사진 촬영을 요청해 와 장기표와 이들은 즐거이 '찰칵' 했다.

　이 날의 마니산행은 결과적으로 관자가 역으로 장기표로부터 '응원' 받고 '위로' 받은 동행이었다.

　지금 이 순간.

　관자는 되뇌인다.

　"장기표 선생님, 이 시대에 이 나라와 이 국민과 함께 하셔서 고맙습니다."

영원한 찐보 **장기표**
그 길, 그 숨